Monika Beyersdorf-Morig

Gott übermittelt 365 Botschaften für eine bessere Welt

Band 2 von 4
Botschaften 101 - 200

<u>Impressum</u>

Bibliografische Information der Deutschen Nationalbibliothek:
Die Deutsche Nationalbibliothek verzeichnet diese Publikation in der Deutschen Nationalbibliografie; detaillierte bibliografische Daten sind im Internet über http://dnb.dnb.de abrufbar.

© 2016 Monika Beyersdorf-Morig

Gestaltung: **Gerd Morig, Monika Beyersdorf-Morig, Celle**
Titelfoto: **Thomas Ulbricht, Itzehoe**
Lektorat: **Renate Buttler, Celle**
Tech.Beratung: **Kai Tammen, Celle**

Herstellung und Verlag: BoD – Books on Demand, Norderstedt
ISBN: 978-3-842335974

<u>Vorwort</u>

Es ist für mich eine besondere Anerkennung, dieses Vorwort für
meine liebe Ehefrau Monika Beyersdorf-Morig zu schreiben.
Ich war zusammen mit Frau Brigitte Gailun, der Freundin meiner
Frau, am 12.02.2015 dabei, als sie zum ersten Mal Gott gerufen hat,
ohne zu wissen ob er sich meldet. Sie sprach mit Gott und erklärte
ihm, was sie auf dem Herzen hatte und bat ihn, wenn er da ist und mit
ihr schreiben möchte, zu schreiben: „ Ja, ich bin da." Zu unserem
großen Erstaunen meldete er sich sofort und schrieb, „Ja ich bin da".
Hier ein Auszug von dem ersten Kontakt: *Frage:* Bist du der Aufgabe
noch gewachsen? **Gott:** Ich habe Probleme mit den Menschen
bekommen. Sie verändern sich sehr, aber nicht in meinem Sinn. Ihr
solltet nicht so viel an das Geld denken! *Frage:* An was sollen wir
denken? **Gott:** Ihr solltet an die Liebe denken, sie geht verloren unter
den Menschen wegen des Geldes! So entstand ein reger Kontakt mit
Gott. Viele Diskussionen wurden aufgeschrieben und sollen zu einem
späteren Zeitpunkt veröffentlicht werden. Bei einem dieser Kontakte
kam die Vorstellung, den Menschen Botschaften von Gott mitzuteilen,
in denen er aus heutiger Sicht zu gewissen Themen Stellung nimmt.
Immer wieder ist es ein Wunder, wie schnell Gott meine Frau seine
Meinung schreiben lässt. Auch hat er mitgeteilt, dass er den
Menschen noch viel zu sagen hat und dieses durch meine Ehefrau
Monika Beyersdorf-Morig aufschreiben lässt.

Ich wünsche allen Lesern, dass die Botschaften ihnen im Leben,
helfen.   **Gott ist immer und für ALLE da!**

Gerd Morig

Geburtstagskarte von Gott
für Monika Beyersdorf-Morig
geschrieben mit Gott am 11.07.2015

Was für eine Ehre, dir liebe Monika, heute eine Geburtstagskarte zu schreiben.

Für dich ist es genauso ein Wunder wie für mich. Ich habe dich lange beobachtet und weiß was für ein besonderer Mensch du bist. Darum gratuliere ich, Gott, dem Menschen heute, der es verdient hat mit mir zu schreiben.

Daran kannst du schon erkennen, wie wertvoll du für mich bist. Ich sage als dein Gott: „Danke, dass es dich gibt!"

Leider gibt es von diesen Menschen, wie du einer bist, nicht so viele. Warum, das kann ich dir sagen. Dein Bewusstsein ist sehr vorbildlich und deine Eigenschaften als Mensch sind uneigennützig. Du würdest dein Letztes geben, ohne nachzudenken. Dein Herz ist groß und du möchtest alle Sorgen und Nöte in dein Herz lassen. Du hast es auch immer getan. Leider haben dir viele Menschen einen Streich gespielt. Du bist immer zerbrechlicher dadurch geworden und wusstest keinen Rat mehr. Deine Seele hat ein Leben lang für das Gute gekämpft, trotzdem stehst du nicht auf der Gewinnerliste. Von Kindheit an warst du hin und her gerissen und wusstest manchmal nicht, wie du dich retten solltest.

Aber du warst immer tapfer und hast mit 1000 Ideen dein Leben verschönt. Du hast dir deine Freude gesucht mit Fleiß und Liebe. Selbst deine schwere Krankheit, die dir bald dein Leben gekostet hätte, hast du tapfer und mit viel Liebe und Beten gemeistert. Du hast im Bett gemalt und gedichtet, wo du es wieder konntest. Viele Menschen in Feldberg waren gerührt von deiner Krankheit. Deine Freunde standen zu dir. Dein Leben lang hast du die Hoffnung gesucht und findest sie auch. Das hast du immer wunderbar gemeistert.

Dein Glaube an mich hat dir deine Wege gezeigt. Du bist sie
tapfer gegangen, aber auch mit vielen Tränen.
Du wolltest immer das Beste.
Du hast gekämpft wie eine Unbesiegbare. Trotz Tränen hast
du dich nicht besiegen lassen. Du warst immer mutig und hast
neue Wege gesucht und mit meiner Hilfe gefunden. Wir haben
gemeinsam deinen Weg immer freigeräumt. Dann hast du mit
neuem Mut und Tatendrang deine Ziele verfolgt.
Dann hast du unseren Gerd kennengelernt, du weißt, er ist
vom Himmel geschickt. Ihr Beide seid genau die Richtigen
für das Buch „ 365 Botschaften von Gott".
Ihr habt damit begonnen und führt es mit wahrer Begeisterung
zu Ende. Ein Wunder für uns. Danke!
Wir werden dieses Wunder noch zu spüren bekommen.
Ihr wisst, ihr habt euch das verdient. Euer Leben soll
ehrenvoll sein und in meinem Sinn. Ich behüte euch bis ans
Ende der Zeit. Dir mein liebes Geburtstagskind, wünsche ich
einen tollen Tag und viele schöne Stunden. Denke bitte daran,
du bist von mir ausgesucht. Du bist fast einmalig und ich habe
Achtung vor deinem Leben. Liebe Grüße an Gerdchen.

Dein dich liebender Gott.

**Diese Geburtstagskarte hat mich sehr berührt und die
Tränen rollten über mein Gesicht.
Gleichzeitig habe ich sehr gestaunt über diesen Inhalt.
Monika Beyersdorf-Morig**

Ich habe das Glück im Herzen

Ich habe das Glück im Herzen denn ich weiß du bist hier.
Alles singt und klingt vor Freude in mir.
Ich setze mich an den Tisch und rufe „Lieber Gott bist du da,
dann schreib bitte: Ja ich bin da"
Und eh ich mich besinne, stehen die Worte auf dem Papier.
Dann sage ich zu Gott „Jetzt schreiben wir
eine Botschaft für die Menschen der Welt."
Und Gott gibt mir 1000 Dinge ein, die ich schreibe für euch.
Er lässt mich verstehen,wir müssen gemeinsam die Wege der Liebe gehen.
Die Wege der Liebe müsst ihr nun lernen.
Denn Bosheit und Hass hat keinen Platz,
wenn ihr gemeinsam, sie nicht in eure Herzen lasst.
Ihr fühlt dann das Glück und den Frieden in euch.
Euer Herz ist erleichtert und ihr wisst genau,
Gott macht uns glücklich wenn wir den Glauben verstehn.
Er wird mit uns über 1000 Brücken des Lebens gehn.
Er zeigt uns den Weg der Geborgenheit
und lehrt uns, geht nicht den Weg zu weit.
Streit und Sorgen könnt ihr begegnen,
sie helfen euch nicht und bringen euch Leid.
Nur, wenn ihr Gott ruft auf all euren Wegen
werdet ihr Ruhe und Frieden erleben.
Wenn ihr das Schicksal möchtet lenken,
dann ist sehr viel zu bedenken.
Das Schicksal steht auf festen Boden und ihr steht mittendrin.
Dreht euch und schaut, überall ist eine Entscheidung aufgebaut.
Sie macht es euch schwer, aber hört auf das Herz.
Nur wenn es singt und klingt, geht ihr dem Glück entgegen.
Bestimmt euren Weg.
Gott und der Glaube ist die größte Macht,
denn sie strahlt Liebe aus und gibt euch Kraft.
Er reicht euch die Hand und liebt euch alle,
denn Liebe wird die Welt verändern.
Und um die Erde wird es klingen.
Der Friede und die Liebe sie liegen sich im Arm
und tanzen um die Erde, uns wird ums Herz ganz warm.
Lieber Gott ich danke dir für deine Mühe mit mir.
Jede Botschaft ist ein Schatz.
Ich weiß du bist da, immer und für jeden Menschen.
DANKE!

Monika Beyersdorf-Morig
Mai 2015

Einleitung
<u>für Gott</u>

Lieber Gott,
ich bitte dich um Botschaften für 365 Tage.
Vor jeder Botschaft werde ich mit dir reden und dir meine
Themen übermitteln.
Wir brauchen neue Richtlinien für die Welt
und für die Menschheit.
Wir brauchen bessere Regeln, die viel aussagen
und deutlich sprechen.
Die Menschen sollen sie verstehen und annehmen
und sie sollen um die Welt gehen!
Liebe, gutes Miteinander, Frieden und
Verständnis für alle Generationen der Länder.
Keinen Hass und keine Ungerechtigkeit zwischen
Arm und Reich.
Keiner soll sterben, weil er arm ist.
Keine Macht und Zerstörung über die Weltkultur.
Menschen sollen nicht hungern.
Tiere sollen nicht gequält werden.
Bäume nicht für Profit abgeholzt werden.
Die Natur soll atmen können.
Die Welt soll erblühen in ihrer ganzen Pracht und Farbe.
Keiner hat das Recht etwas zu zerstören.
Unsere Welt gehört allen!
Leid und Schmerz sollen in ihrem ganzen Ausmaß
gelindert werden.

Monika Beyersdorf-Morig

Einleitung
von Gott

Ja, ich bin da.

Ich werde mit dir schreiben, denn es ist wichtig den Menschen meine Botschaften zu übermitteln.
Ich habe deine Einleitung gehört.
Sie gefällt mir und wir werden gemeinsam ein Buch schreiben für 365 Tage.
Ich werde versuchen, alles verständlich zu machen.
Die Welt muss sich verändern und dabei kann nicht nur ich helfen, sondern in erster Linie der Mensch.
Er sollte sich ändern und sein Bewusstsein schulen.
Die Zeit war noch nie so reif wie heute.
Ich danke dir für deine Arbeit mit mir.
Sie ist positiv und in meinem Sinn.
Ich verspreche dir, mein Bestes zu geben.
Ich sage Danke!

In Liebe
dein Gott

101
Vermögen

Botschaft von Gott

Ja, ich bin da.

Menschen die Vermögen haben, sind oftmals sehr fleißig und
arbeiten mit großer Ausdauer und Disziplin.
Es gab und gibt schon die Bettler, die es zum Millionär
geschafft haben. Der Fleiß oder die gute Idee, können
Vermögen schaffen. Ihr werdet dafür im wahrsten Sinne des
Wortes belohnt. Vermögen könnt ihr auch geerbt, gewonnen
oder durch Betrug erworben haben.
Menschen können damit schlechter umgehen.
Sie achten es nicht so, weil sie nichts dafür getan haben.
Da gab es schon genug Reinfälle, die wieder arm gemacht
haben. Schätzt euer Vermögen und setzt es nicht aufs Spiel.
Die böse Macht ist immer hinter Geld her.
Sie lockt mit viel Gewinn und am Ende seid ihr die Verlierer.
Handelt klug und glaubt an das, was ich euch lehre.
Euer Leben wird dann euer Vermögen beschützen!

In Liebe
euer Gott

102
Reich

<u>**Botschaft von Gott**</u>

Ja, ich bin da.

Der reiche Mensch hat nicht viel auszustehen.
Es geht ihm gut.
Er hat alles in Hülle und Fülle.
Aber besonders reiche Menschen sind sehr auf sich bezogen.
Sie wollen nicht so gerne abgeben.
So geht das aber nicht.
Der Reiche sollte sich mehr um die Armen kümmern.
Wo bleibt die Gerechtigkeit!
Menschen, die mir sehr nahe stehen, sind Menschen der
Liebe. Sie helfen den Armen.
Vergesst es nicht, ich bin immer da und wünsche mir
Menschen die weiterdenken.
Sie werden eines Tages dafür belohnt!

In Liebe
euer Gott

103
Ernährung

<u>**Botschaft von Gott**</u>

Ja, ich bin da.

Ihr Menschen wisst alle was Ernährung ist.
Jeder von euch ernährt sich anders.
Der eine braucht viel Obst und Gemüse und der andere viel
Fleisch. Denkt daran, ihr ernährt euren Geist und Körper.
Er dankt es euch, wenn ihr euch ausgewogen die Mahlzeiten
zuführt. Eure Kraft wird gut sein und euer Geist erblüht.
Trotzdem mache ich mir schon lange Sorgen um eure
Ernährung, sie ist nicht mehr so gesund.
Durch die Massentierhaltung sind die Tiere, die ihr esst,
entkräftet, auch durch die vielen Medikamente.
Die armen Tiere haben es schwer, weil ihr rücksichtslos seid.
Obst und Gemüse werden von allen Ländern transportiert.
Um es haltbar zu machen, wird es gespritzt.
Das Gift klebt an der Schale.
Da reicht gutes Abwaschen nicht aus.
Wo wollt ihr Menschen noch hin?
Lasst es nicht zu, dass so vieles manipuliert wird.
Ich bin sehr böse darüber und ihr müsst erst euren Lohn
bekommen. Ich kann da leider nicht eingreifen.
Ihr Menschen müsst klüger werden.
Ihr werdet das sein, was ihr esst.
Dieses Essen kann euch umbringen.
Die Natur ist das Gesetz der Gesundheit. Beachtet das!

In Liebe.
euer Gott

104
Beerdigung

<u>Botschaft von Gott</u>

Ja, ich bin da.

Beerdigungen gibt es, seitdem es die Menschen gibt.
Ihr Menschen kommt auf die Welt und verlasst sie auch
wieder. Mit dem Tod ist zwar das Leben nicht zu Ende, aber
das Leben auf der Erde ist erst einmal beendet.
Das heißt, ihr legt euren Mantel oder eure Hülle ab und die
Seele wandert zu mir ins Paradies.
Gleich nach dem Tod werdet ihr von den Angehörigen,
die schon verstorben sind, begrüßt.
Es entsteht eine große Herrlichkeit für euch.
Die Hülle, die ihr abgelegt habt, wird ehrenvoll zur letzten
Ruhe gebettet. In großer Würde nehmen alle Abschied, die in
Liebe mit dem Verstorbenen zu Lebzeiten verbunden waren.
Es ist traurig und hoffnungsvoll zu gleich.
Bedenkt aber, sie sind nur einen Schritt vor euch.
Die Beerdigung sagt, heute gehen wir gemeinsam den letzten
Weg und die letzte Stunde zusammen.
Viele Blumen und Kränze zeugen von der Liebe der
Hinterbliebenen. Tränen zeigen den Verlust.
Ihr alle geht den gleichen Weg, nur die Beerdigung ist jedes
Mal anders. Sie kann schlicht und einfach sein, oder pompös
und übermäßig. Es kann die Hülle beigesetzt werden, oder die
Asche. Es bleibt gleich, die Seele lebt weiter!

In Liebe
euer Gott

105
Trauerfeier

<u>Botschaft von Gott</u>

Ja, ich bin da.

Wenn ein geliebter Mensch die letzte Ruhe gefunden hat
und ehrenvoll beigesetzt wurde, gibt es danach die
Trauerfeier. Eine Trauerfeier ist begleitet von großem Lob
über das Leben des Verstorbenen.
Es gibt Musik, die begleitet und Trost spendet.
Das Herz wird berührt und die Lebenden wissen, dass ihre
Zeit auch kommen wird.
Abschied nehmen bedeutet auch immer ein Wiedersehen.
Ein großes Ausmaß von Besinnlichkeit strömt durch den
Raum der Trauer. Ihr Menschen seid berührt.
Ganz besonders, wenn der Tod so plötzlich kam und keiner es
so recht begreifen will.
Viele Fragen stehen offen, aber die Antwort steht bei mir.
Jeder Mensch von euch hat seine Zeit, keiner weiß wann sie
zu Ende ist. Lebt darum in Liebe, Frieden und Versöhnung.
Am Ende ist alles zu spät.
Kein Dank, kein Verzeihen, das ist immer das Schlimmste für
die Hinterbliebenen.
Darum lebt heute und jetzt in Dankbarkeit.
Gute Worte helfen und gehen mit auf die Reise ins Paradies.
Ihr wisst schon, kein Wort geht verloren!
In diesem Sinn, liebt euch Menschen!

In Liebe
euer Gott

106
Hochzeit

<u>Botschaft von Gott</u>

Ja, ich bin da.

So ein wunderschöner Tag, den sollte es nur einmal im Leben geben. Ihr feiert eure Hochzeit.
Ihr seid glücklich, die Welt ist in Ordnung, ihr seid verliebt und habt 1000 bunte Fantasien.
Jeder Gedanke ist ein Lichtstrahl.
Der Blick in die Zukunft verspricht ein Leben wie im Traum so schön. Die Liebe ist das schönste Versprechen und die schönste Erwiderung. Sehr vielen Paaren ist ihr Glück zuteil geworden. Sie gingen Hand in Hand durch ihr gemeinsames Leben. Haben gute und schlechte Zeiten überstanden.
Das Leid haben sie gemeinsam überwunden und sich gegenseitig gestärkt. Einer half dem anderen, bei Krankheit oder Not. So soll es sein, das ist die Treue der Natur.
Ihr hattet die Treue und die Liebe in euch, darum ist euch das Leben einer Ehe gelungen.
Solchen Menschen ist mit großer Achtung zu begegnen.
Sie werden gemeinsam den Tod überwinden und unsterblich sein. Ihre Leistung bekommt hier im Paradies auch eine Anerkennung von besonderer Art.
Ich bin stolz auf euch!

In Liebe
euer Gott

107
Scheidung

Botschaft von Gott

Ja, ich bin da.

Was Gott zusammengefügt hat, soll der Mensch nicht trennen.
Ja, so ist es, aber ich trenne, wenn ich sehe, das Unglück steht
im Raum. Wenn es keinen Weg mehr gibt zur Liebe und zum
gegenseitigen Verstehen, ist euer Leben eine Qual.
Mir besonders lieb gewordene und gute Menschen, kann ich
nicht so leiden sehen.
Sie haben einen anderen Partner verdient, wo wieder die
Freude wachsen kann und das Glück in die Tür kommt.
Darum liebe Menschen seid mutig, ich helfe euch dabei.
Die Liebe ist stärker, als die Qual der Wahl.
Ihr schafft den Weg zur Scheidung, auch wenn er noch so
schwer fällt. Am Anfang hat keiner es gewollt, aber ihr habt
die Ehe nicht bestanden.
Sie hätte euer Leben zerstört und euch krank gemacht.
Nehmt die schwere Zeit der Trennung an.
Manchmal müsst ihr Wege gehen, die sehr schwer und steil
sind. Aber ihr geht der Sonne zu.
Sie zeigt euch den Weg der Wärme und Hoffnung.
Verzagt nicht, ich bin bei euch!

In Liebe
euer Gott

108
Internet

<u>Botschaft von Gott</u>

Ja, ich bin da.

Ihr Menschen seid nicht dumm, denn ihr habt sehr viel
erreicht mit eurem Wissen, Fleiß und Handeln.
Das Internet wurde von euch erfunden und immer
weiterentwickelt. Es lässt viel zu und der Mensch kann sich
im Internet mit seinen Interessen verwirklichen.
Alles kann geschehen, der Mensch ist sehr kreativ.
Trotzdem ist das Internet für Groß und Klein eine Gefahr.
Viele Kinder und Erwachsene vergessen ihre Umgebung.
Sie nehmen sie nicht mehr wahr.
Oder aber Verbrechen passieren durch die Verbindung
ins Netzwerk. Alles ist möglich.
Der Mensch steuert sein Verhalten und schießt über das Ziel
hinaus. Plant euer Tun, dass ihr nichts bereuen müsst.
Schnell ist man in eine Sache reingerutscht und kommt nicht
mehr davon los.
Ich bete für euch, dass ihr euch bessert!

In Liebe
euer Gott

109
Heiratsvermittlung

Botschaft von Gott

Ja, ich bin da.

So ein Institut kann sehr hilfreich sein und hat auch schon
Menschen glücklich vereint.
Es ist aber auch nicht immer alles glaubhaft.
Wenn ihr viel Geld dafür bezahlen müsst, dann könnt ihr
damit rechnen, dass schöne Menschen nur reingestellt werden,
um euch zu locken.
Immer ist alles mit Vorsicht zu genießen.
Besser ist es immer, seine Liebe durch eine besondere
Begegnung zu finden.
Wie es auch kommt, es sollte so sein.
Der Weg ist euch vorgegeben.
Das Schicksal hat seine Macht!

In Liebe
euer Gott

110
Zärtlichkeit

<u>Botschaft von Gott</u>

Ja, ich bin da.

Ihr Menschen habt die Zärtlichkeit erfunden durch die
Zweisamkeit. In der Zärtlichkeit liegen viele Sinne.
Sie werden auf das höchste beglückt und der Mensch neben
euch fühlt sich gut. Der Mensch spürt Zuneigung und
Gefühle, die ihm entgegengebracht werden.
Ob ihr Menschen Zärtlichkeit empfangt oder gebt, spielt eine
untergeordnete Rolle. Denn auch der Mensch der zärtlich ist,
erhebt seine Sinne in das Universum.
Auch Tiere lieben Zärtlichkeit, sie möchten gestreichelt
werden und liebkost.
Jede Art der Berührung hat eine Bedeutung.
Alles um euch herum hat was mit der Liebe zu tun.
Es ist eine Wärme und ein Lichtstrahl, der euch bei
der Zärtlichkeit umhüllt.
Menschen. die jede Art von Zärtlichkeit ablehnen,
sind sehr arm dran.
Es hat was mit wenig Liebe oder mit Krankheit zu tun.
Diesen Menschen sollte geholfen werden, dass sie wieder
in das Licht kommen.
Lasst es nicht zu, dass sie so arm bleiben.
Helft ihnen, sie brauchen dringend Hilfe. Betet für sie.
Ich höre euch!

In Liebe
euer Gott

Sexualität

Botschaft von Gott

Ja, ich bin da.

Sexualität, wird sehr oft falsch verstanden.
Es gibt nämlich viele Arten von Sexualität.
Mit der Liebe muss sie auch nichts zu tun haben.
Auf der Welt benutzt ihr Menschen leider die Sexualität oft
nur als Begierde oder Befriedigung an einer Person.
Es werden Säuglinge, kleine Kinder - ob Jungen oder
Mädchen - missbraucht. Es gibt keine Grenzen.
Junge Frauen und Mädchen fallen der Vergewaltigung zum
Opfer. Alle leiden ein Leben lang und brauchen Hilfe.
Das habe ich, Gott, so nicht gewollt.
So macht ihr bloß die Menschheit kaputt.
Kehrt um und gebt dem Bösen keine Macht.
Habt ein Gefühl für den Menschen neben euch, nur in Güte
und Liebe.
Sexualität kann sehr schön sein, wenn zwei Menschen sich
lieben und ergänzen. Jeder sollte den anderen achten.
Sexualität darf keine Erniedrigung darstellen.
Sie sollte glücklich machen, Kinder zeugen und als Einheit
der Liebe gesehen werden.
Die wertvollsten Menschen können durch die Sexualität
entstehen. Ein neues Leben kann erblühen, wenn ihr es wollt.
Ich bete für euch, dass ihr das Naturwunder niemals als Waffe
benutzt. Die Liebe ist die größte Woge in der Sexualität,
behütet sie. Ich, euer Gott, möchte mich über euch freuen, so
wie ihr euch über mich. Seid stark!

Ich liebe euch
euer Gott

112
Fehlgeburt

<u>Botschaft von Gott</u>

Ja, ich bin da.

Ich möchte an alle Frauen der Welt eine Botschaft
übermitteln, die ihr verstehen lernen sollt.
Sie hilft euch, das Ungeborene besser einzuordnen in eure
Welt. Denn eines steht fest, so wie eure Welt gerade ist, fühlt
sich das ungeborene Leben in euch.
Es kämpft mit eurer Seele gemeinsam.
Ihr seid von der Befruchtung an verbunden.
Das kleine Lebewesen möchte auf die Welt kommen, die
Sonne sehen und die Augen der Mutter auf sich gerichtet
haben. Welche Freude für beide.
Leider ist diese Freude bei einer Fehlgeburt nicht vorhanden.
Das kleine Lebewesen hat sich von der Mutter verabschiedet,
ob sie es wollte oder nicht, das lassen wir mal offen.
Es hat genau gefühlt, da stimmt etwas nicht.
Die kleine Seele hat umsonst gekämpft, denn der Mutter
fehlte die Kraft. Auch da gibt es verschiedene Gründe.
Seht es niemals als Sünde! Bitte!
Euer kleiner Stern leuchtet für euch ein Leben lang.
Er liebt euch und bekommt im nächsten Leben die Chance,
mit euch gemeinsam zu leben.
Betet dafür – Wunder geschehen, wenn ich es will.

In Liebe
euer Gott

113
Härte

<u>Botschaft von Gott</u>

Ja, ich bin da.

Liebe Menschen auf der Erde glaubt mir, ihr braucht immer
eine gewisse Härte im Leben, um bestehen zu können.
Das Leben ist nicht immer einfach und bedeutet auch Kampf.
Ohne die Härte steht ihr den Kampf des Lebens nicht durch.
Seid euch gewiss, dass sie euch hilft bei Krankheiten, bei
Verlusten und bei Angriffen. Wer sich jeden Tag selber
bedauert, kommt nicht weiter. Ihr steht vor einer Wand.
Also, nehmt euch zusammen und lernt mit dem Leben richtig
umzugehen. Das soll aber nicht heißen, dass ihr keine Tränen
seht und kein Elend. Eure Härte sollte nur für euch bestimmt
sein, aber nicht für andere Menschen. Ihr seid sehr stark, setzt
eure Stärke für gute Taten ein. Helft in der Not und seid
barmherzig. Habt ein Herz für die Schwächeren.
Das Leben auf der Erde braucht euch. Ihr seid besonders,
zeigt es bitte, weil die positive Energie die Welt vor dem
Abgrund rettet. Sie rettet auch mich!
Seid niemals innen und außen hart, solche Menschen richten
Unheil mit ihrer Härte an.
Habt immer einen weichen Kern und eine harte Schale!
Ich bin stolz auf euch!

In Liebe
euer Gott

114
Geburt

<u>Botschaft von Gott</u>

Ja, ich bin da.

Alle seid ihr geboren, das heißt, ihr habt das Licht der Welt
erblickt. Alle habt ihr euch auch mit Schreien und Strampeln
bemerkbar gemacht. Das bedeutet, ihr nehmt das Leben an
und seit gesund und munter.
Für alle Mütter ist die Geburt mit Schmerzen verbunden.
Sie müssen euch aus dem Geburtskanal rauspressen und
das kann manchmal Stunden dauern.
Wenn ihr nicht wie gewohnt geboren werdet, kann es
Komplikationen geben. Für euch, genauso wie für eure
Mutter, bedeutet das immer ein Risiko. Heute hat euer
Gesundheitssystem viele Möglichkeiten einzugreifen.
Das erhält euer Leben und auch das eurer Mutter.
Vor 100 Jahren war die Welt noch nicht so weit.
Viele Mütter mussten sterben.
Alle haben sich auf ihr Kind gefreut, aber leider ohne Erfolg.
Der Tod war stärker.
Ihr Menschen habt in der Frage viel geleistet und die Welt
vorangebracht.
Noch einmal 100 Jahre und die Welt hat sich weiter
verbessert.
Ich bin bei euch, meine Hilfe ist groß!

In Liebe
euer Gott

115
Sterbehilfe

<u>Botschaft von Gott</u>

Ja, ich bin da.

Die Sterbehilfe ist nicht mein Freund.
Ich weiß, ihr möchtet nicht leiden, aber ich schreibe euch,
das Sterben ist eine tapfere Tat, die mit dem Glauben an mich
leichter fällt.
Jeder Gläubige stirbt einfach in Frieden und Liebe.
Er weiß, dass ich da bin.
Er weiß auch, dass der Tod erst die Erlösung ist.
Es wird ihm bei mir im Paradies für seine Tapferkeit
eine besondere Anteilnahme zuteil.
Ich liebe Menschen, die tapfer durchs Leben gehen und
zeigen, dass ihr Glaube auf allen Wegen hilft.
Darum nehmt das Sterben an.
Es ist euer Tag, der letzte auf Erden.
Es wird ein neuer Tag kommen!

In Liebe
euer Gott

116
Geld

<u>Botschaft von Gott</u>

Ja, ich bin da.

Das Geld ist für euch Menschen ein Verderben.
Eigentlich soll es nützlich sein und helfen,
aber ihr benutzt es als Machtinstrument.
Es bringt auf der Welt immer mehr Leid und Elend.
Das Geld wird schlecht verteilt, und die Ärmsten haben
nicht einmal etwas zu essen.
So kann es nicht weitergehen.
Ich schreibe es euch.
Ich lehne mich dagegen auf!
Eines Tages kommt eine Wende, die kommen muss.
Die Katastrophe mit dem Geld steht bevor!

In Liebe
euer Gott

117
Mörder

<u>**Botschaft von Gott.**</u>

Ja, ich bin da.

Der Mörder hört sich grausam an und verbreitet Angst und Schrecken.
Es gibt Menschen, die aus verschiedenen Motiven morden.
Sie sind in viele Gruppen einzuteilen.
Ihr Menschen müsst bedenken, ein jeder Mörder hat ein anderes Motiv.
Es wird aus Eifersucht, aus Gier, aus Hass und sogar aus **Liebe** gemordet.
Weiterhin kann es eine Verzweiflungstat aus Hilflosigkeit heraus sein. Väter morden ihre Töchter wenn sie nicht das Leben führen, wie der Vater es möchte.
In den Kriegen wird gemordet -massenhaft!-
Der Mörder tötet oder er handelt aus einem Reflex heraus.
Menschen werden leider auch zu Mörder erzogen und sollen glauben, sie handeln für eine gute Sache.
Das ist bestimmt nicht so.
Keiner soll sich einbilden, er kommt ins Paradies weil er „ehrenvoll" gehandelt hat.
Ich, Gott, sage dazu ganz klar: „NEIN".
Jeder Mörder muss seine Tat hier aufarbeiten und kommt in die untere Ebene.
Er hat viele Leben vor sich, um zu lernen und Liebe zu geben!
Im Paradies wird er begreifen und sich für seine Tat schämen.
Er wird im nächsten Leben ein besserer Mensch!

In Liebe
euer Gott

118
Lebensretter

<u>Botschaft von Gott</u>

Ja, ich bin da.

Ein Mensch handelt in seinem guten Bewusstsein.
Er denkt nicht nach, er handelt nur noch, um Leben zu retten.
Er ist spontan, ein guter Mensch und kann damit sein eigenes
Leben in Gefahr bringen.
All die vielen Leben, die gerettet wurden, sind wie
1 Millionen Sterne am Firmament.
Sie leuchten für die Liebe eines jeden Retters.
An diesem großen Beispiel der Liebe zu den Menschen öffnet
sich mein Herz, und ich freue mich über die guten Taten.
Liebe Menschen, nehmt die positiven Handlungen an, und die
Welt wird sich zum Besseren verändern.
Ich bete für euch, dass ihr es schafft, dass Gute um die Welt
zu tragen.
Es wird ein Gürtel der Liebe entstehen und der Mensch
verliert den Hass und gewinnt den Glauben.
Euer Glaube hilft euch auf einen guten Weg.
Wer glaubt, baut die Welt auf zum Paradies der Wärme und
Liebe. Jeden Tag freue ich mich über gute Taten und sage:
„ Die Welt wird besser":
Danke, glaubt daran!

In Liebe
euer Gott

119
Vergewaltigung

<u>**Botschaft von Gott**</u>

Ja, ich bin da.

Gerne schreibe ich nicht darüber, aber es ist ein Thema, welches schon immer auf der Welt Sorgen verbreitet hat.
Ihr Menschen seid zum Glück nicht alle schlecht, aber hier kann man nicht von gut schreiben.
Es ist eine brutale Unterwerfung, die ihr in diesem Fall ausübt.
Ihr seid wie Tiere, die keinen Verstand haben, sondern nur einen Instinkt.
Ihr seid erbarmungslose Geschöpfe, die nicht wissen was sie tun. Wer euch zum Opfer fällt, wird krank in der Seele.
Die Seele kämpft jahrelang, aber sie kann nicht vergessen.
Nur der Glaube und das Vergeben rettet die Seele wieder.
Ja, auch wenn es sich schlimm anhört – VERGEBEN-.
Denn nur Vergeben bringt Ruhe!
Lasst euch nicht das Leben zerstören.
Ich bin auch noch da und viele gute Menschen um euch herum. Die Welt muss sich ändern.
Grausamkeiten verschwinden nur, durch positives Denken.
Lenkt die Welt mit dem guten Glauben.
Wir werden es gemeinsam schaffen, den Bösewichten einen Verstand zu geben!

In Liebe,
euer Gott

120
Anschläge

<u>Botschaft von Gott</u>

Ja, ich bin da.

Ich, euer Gott, bin für euch verantwortlich, aber ihr Menschen
wollt schlecht gehorchen.
Ihr macht euch eure eigenen Gesetze und wundert euch dann
über all die Auswirkungen.
Was sollen die Anschläge auf unschuldige Menschen?
Wo soll das hinführen?
Das hat nichts mit Gott zu tun, dass hat auch nichts mit
Frieden und Liebe zu tun.
Kehrt um und besinnt euch eines Besseren und bessere Zeiten
werden für euch kommen.
Es kann doch nicht sein, das böse Taten, eine gute Tat
vollbringen.
Will das nicht in eure Köpfe?
Ihr Menschen, die so etwas plant, dürft nicht vergessen, dass
ich auch noch da bin.
Ich möchte euch gerne helfen, denn euer Hass ist unendlich.
Wie kann ich das, ohne dass ihr mir Glauben schenkt.
Eines Tages wird die Welt sich verbessern, dann gibt es euch
nicht. Ich werde alles dafür tun, dass ihr nachdenkt.
Schenkt dem Leben, das Leben und nicht den Tod.
Er soll nicht so brutal über euch kommen!

In Liebe
euer Gott

121
Kritik

<u>Botschaft von Gott</u>

Ja, ich bin da.

Nehmt die Kritik wie ihr wollt. Sie kann sehr produktiv sein.
Wer hört sie schon gerne, wenn sie auch noch auf sich
bezogen ist. Aber die Kritik hat ihre guten Seiten.
Sie kann eine Veränderung im positiven Sinn bringen.
Wenn das immer so wäre, dann würde die Welt besser
aussehen. Bis ihr Menschen die Kritik begriffen habt, ist es oft
schon zu spät. Da geht es um die Umwelt.
Es wird genug diskutiert, dass sich da und dort etwas ändern
muss. Zu wenig wird getan.
Die Eisberge schmelzen vor sich hin, bis ihr alle im Wasser
versinkt. So wartet ihr auf das Unglück und die Kritik kommt
nicht weiter. Sie muss ernst genommen werden.
Jede Kritik hat seine Ursache und die Wirkung kann positiv
oder negativ sein. Wenn ihr Menschen merkt, dass ihr den
Weg zu weit gegangen seid, kehrt um und geht nicht weiter.
Er könnte ins Verderben führen.
Sucht einen neuen Weg und haltet fest zusammen und kämpft
für den guten Zweck.
Hat die positive Kritik gesiegt, dann hat sie ihr Ziel erreicht.
Es gibt noch viele Ziele zu erreichen.
Gemeinsam seid ihr stark!
Ich freue mich über so viele positive Kritik!

In Liebe
euer Gott

122
Terror

<u>Botschaft von Gott</u>

Ja, ich bin da.

Der Terror will was zu sagen haben, er möchte sich
behaupten, durchsetzen und das mit allen Mitteln, die zur
Verfügung stehen.
In der Zwischenzeit breitet sich der Terror über die ganze Welt
aus. Er bringt Unruhe, Angst und Schrecken mit sich.
Er ist nicht kalkulierbar und hat seine Auswirkung von einer
Sekunde zur anderen.
Die Menschen, die den Terror planen, sind nicht berechenbar.
Zu jeder Zeit kann er ausbrechen und viel Leid mit sich
bringen.
Bitte lasst ab vom Bösen.
Das Böse bringt Leid, Verzweiflung, Tränen, Unruhe und
auch den Tod.
Besinnt euch, dann hat die Welt Ruhe!
Das Gute wird siegen!

In Liebe
euer Gott

123
Zusammenarbeit

<u>Botschaft von Gott</u>

Ja, ich bin da.

Gemeinsam seid ihr stark!
Jede Art von Zusammenarbeit hat ihr Ziel schneller erreicht.
In einer Gruppe oder sogar nur zu zweit, bekommt ihr mehr
Anerkennung.
Viele gleiche Meinungen haben eine größere Auswirkung,
als eine ganz allein.
Allein, steht ihr oft im Regen.
Sucht euch die Stärke.
Ein Stock allein zerbricht schnell, aber viele zusammen,
halten fest und sind eine stabile Einheit.
Ich liebe euch, ihr seid schlau!

In Liebe
euer Gott

124
Forderung

Botschaft von Gott

Ja, ich bin da.

Wenn ihr etwas beansprucht, stellt ihr eine Forderung.
Ob sie berechtigt ist oder nicht, wird sich zeigen.
Jede Forderung wird auch erst einmal kritisch begutachtet, bis
sich ein Erfolg einstellen kann. Der Mensch neigt dazu,
Fehleinschätzungen als richtig zu sehen.
So entstehen Meinungsverschiedenheiten und die
Einschätzung wird auf den Kopf gestellt und sorgfältig
geprüft. Eure Forderung kann berechtigt oder unberechtigt
sein. Es wird auf jeden Fall in eurem Sinn oder genau
dagegen sein. Entweder ihr geht auf die Barrikaden oder ihr
seid mit eurer Forderung ans Ziel gekommen. Macht euch
immer stark und habt Vertrauen. Seid gut zu euch selbst und
ruft mich. Ich helfe wo es angebracht ist und weiß den Weg
eures Lebens. Ich helfe nicht immer oder gleich.
Manchmal braucht es seine Zeit.
Auch ich prüfe euch.
Ich bin euer größter Gutachter!
Liebt mich, so wie ich euch liebe!

In Liebe
euer Gott

125
Freude

<u>**Botschaft von Gott**</u>

Ja, ich bin da.

Freude, gefällt uns allen sehr. Sie ist die Triebkraft für gute
Energie. Sie trägt uns in das Paradies und berauscht unsere
Sinne. Freude kann jeder Mensch gebrauchen, ob klein oder
groß, ob jung oder alt. Nehmt die Freude an und gebt sie auch
weiter. Sie ist eine Hilfe für kranke Menschen und zeigt mir,
was ihr Gutes bewirken könnt. Jede gute Tat bringt viel
Freude.
Das Leben strahlt euch an und es strahlt aus euch heraus.
So soll es sein, so liebe ich euch!
Ich, euer Gott, würde mir wünschen, dass die Erde keine
Trauer trägt, sondern eine Lichterkette der Menschlichkeit auf
allen Kontinenten. Fangt an und schult euer Bewusstsein.
Gönnt jedem Menschen sein Recht und habt keinen Hass in
eurem Herzen. Lasst Freude, Liebe und Frieden gedeihen.
Ich wünsche allen Menschen ein glückliches Leben und
helfe allen, die an mich glauben.
Euer Glaube gibt euch Hoffnung und Freude,
er hilft euch in der Not.
Ich glaube an euch!

In Liebe
euer Gott

126
Sicherheit

<u>Botschaft von Gott</u>

Ja, ich bin da.

In der Sicherheit fühlen wir uns alle geborgen.
Sie schenkt unserem Herz eine besondere Atmosphäre der
Umarmung.
Es ist so, als würde eine liebende Mutter oder ein liebender
Vater seine Arme um uns legen.
Wir sind beschützt und fühlen uns sicher.
Das ist ein sehr schönes Gefühl.
Dieses schöne Gefühl mögen wir besonders, wenn wir uns in
irgendeiner Situation nicht wohl fühlen.
Wir denken, dass etwas passiert.
Es ist wie der Blitz am Himmel, der uns Unsicherheit gibt.
Jeder versucht, in Sicherheit zu kommen.
Wer sie hat, kann sich glücklich fühlen.
Auch ich gebe euch Sicherheit.
Euer Glaube an mich, versetzt Berge und zeigt euch eine
große Liebe.
Ihr fühlt euch wohl und spürt, dass ich da bin.
Ich umarme euch und weiß, wer an mich glaubt ist gut
aufgehoben auf der Welt.
Lasst mich nie fallen.
Auch ihr gebt mir Sicherheit.
Gemeinsam sind wir stark.
Keiner ist allein.
Ich liebe euch!

In Liebe
euer Gott

127
Kontrolle

<u>Botschaft von Gott</u>

Ja, ich bin da.

Eine Kontrolle ist sehr angebracht in besonderen Situationen.
Wenn ein Mensch kein Vertrauen hat und glaubt, dass da
etwas falsch läuft, dann ist die Kontrolle besonders wichtig.
Sie kann vor Gefahren schützen und rechtzeitig eingreifen.
Viele Möglichkeiten finden wir in der Überwachung eines
Menschen. Er kann vergesslich sein und darf nicht mehr allein
kochen. Er kann fortlaufen und weiß nicht wohin.
Wir Menschen müssen ständig eine Kontrolle ausüben, um
Unheil abzuwenden.
Flugzeuge, Autos, Busse, Kindersitze und vieles mehr müssen
in regelmäßigen Abständen geprüft werden.
Kameras auf Straßen und Bahnstationen haben schon viele
Aufzeichnungen gemacht, die letztendlich Verbrechen
aufklärten.
Vergesst es nie, ihr selbst solltet euch auch kontrollieren, denn
am Körper können plötzlich Veränderungen stattfinden.
Der Arzt untersucht das Herz oder andere Organe.
Knochen werden durch Röntgen gesehen und bewertet.
Alles gut! Ihr wisst durch die Kontrolle, was los ist.
Meine Kontrolle ist auch wichtig.
Ich bin euer guter Arzt, wenn ihr an mich glaubt und mich
ruft!

In Liebe
euer Gott

128
Fürsorge

<u>Botschaft von Gott</u>

Ja, ich bin da.

Fürsorge ist etwas Selbstverständliches,
wenn sie auf Liebe basiert.
Liebe macht keine Art von Fürsorge anstrengend.
Selbst wenn sie über die Kräfte geht, lenkt die Liebe die
Handlungen.
Ihr Menschen könnt sehr viel leisten durch die Liebe.
Ein Baby wird aufgezogen und ihr verbringt Tag und Nacht
mit ihm.
Das Innere ruft euch und ihr seid selbstverständlich zur Stelle.
Ein Elternteil ist sehr krank und braucht Pflege und Hilfe.
Die Fürsorge und die Liebe sind im Einklang.
Es entsteht eine wunderbare Harmonie.
Überall wo Liebe ist, ist auch Fürsorge.
Ich schreibe gerne über diese Menschen, ich liebe sie.
Nicht alles auf der Welt ist leider Liebe.
Es gibt auch die berechenbare Fürsorge.
Sie findet überall statt, wo die Liebe fehlt.
Traurig aber wahr.
Ehrenhalber zu handeln, ist nicht jedem Menschen gegeben.
Mutter Theresa war ein Beispiel von Liebe, Disziplin,
aufopferungsvollem Verhalten und ein Lichtstrahl für
leidende und arme Menschen.
Sie half und schenkte Mut. Werdet auch so!

In Liebe
euer Gott

129
Aufstand

Botschaft von Gott

Ja, ich bin da.

Wer einen Aufstand plant, ist immer gegen eine Sache.
Der Mensch möchte appellieren und fordern.
Er weiß, so soll es nicht weitergehen!
Ob er Recht hat, ist eine andere Sache.
Es gibt immer eine Gegenmeinung.
Dadurch kann es zu Krawallen und Angriffen kommen.
Jeder möchte sich behaupten.
Wie ein Aufstand ausgeht, hängt von euch Menschen ab.
Seid friedlich und habt immer das Gute im Auge.
Keiner soll Schaden erleiden.
Oftmals artet ein Aufstand aus, er wird dann mit
Polizeigewalt beendet.
Lasst es nicht dazu kommen.
Die Welt sollte sich beruhigen und Frieden suchen!
Setzt euch an einen Tisch und redet.
Das ist eine gute Sache und bringt mehr Einsicht!

In Liebe
euer Gott

130
Loslassen

Ja, ich bin da.

Entweder wir lassen los, weil wir etwas nicht mehr mögen,
oder wir müssen loslassen, weil wir es nicht mehr
halten können.
Loslassen können wir vieles im Leben, gewollt oder
ungewollt.
Sich von etwas zu trennen, was wir aufrichtig lieben,
bedeutet Trauer.
Wir möchten nicht loslassen, müssen aber.
Der Weg führt uns ins tiefe Tal.
Keine Macht der Welt kann euch einen geliebten Menschen
zurückholen, wenn er nicht mehr unter euch weilt.
Nehmt es an. Der Schmerz wird aufhören!
Ich bin bei euch!

In Liebe
euer Gott

131
Wunder

<u>Botschaft von Gott</u>

Ja, ich bin da.

Wenn ein Wunder passiert ist, dann könnt ihr Menschen es
vor Freude kaum fassen. Was sind Wunder?
Ein Blinder kann plötzlich sehen, ein Lahmer kann plötzlich
wieder stehen, ein Taubstummer kann wieder hören und Töne
von sich geben.
Diese Wunder hat es alle schon gegeben und es gibt noch viel
mehr davon.
Schwere Krankheiten heilen in Kürze.
Ein Segen ist über diese Geschöpfe Gottes gekommen.
Sie wurden von der Heilkraft erfasst und standen wieder im
Licht der Liebe.
Wie passieren diese Wunder?
Die Kraft und der gute Glaube können jede Krankheit
besiegen, wenn ich, Gott, mithelfe.
Ich, Gott, bin euer Beschützer, ich kenne besondere Menschen
ganz genau.
In ihrer Verzweiflung werden sie rufen: „Gott hilf mir!“
Ich, Gott, helfe wenn ihr darum bittet.
Nicht immer gleich, aber früher oder später.
Manchmal braucht es seine Zeit.
Verzagt nicht, wenn ihr schon nicht mehr daran glaubt, ist das
Wunder plötzlich da.
Wie wunderbar!

In Liebe
euer Gott

132
Hellsichtigkeit

Botschaft von Gott

Ja, ich bin da.

Hellsichtige Menschen haben es nicht immer leicht, denn sie haben die Gabe, etwas zu fühlen.
Sie fühlen einen Unfall, eine Krankheit oder einfach auch den Tod.
Sie können im Traum Vorhersehungen haben, die am nächsten Tag oder später eintreffen.
Diese Begabung ist in die Wiege gelegt.
Es gibt auch Menschen, die Verstorbene sehen und mit ihnen sprechen können.
Viele andere Menschen haben dafür kein Verständnis, wie auch? Es fehlt jegliche Erfahrung auf dem Gebiet.
Keiner sollte schlecht oder bösartig darüber urteilen, nur weil er es nicht versteht. Ihr Menschen seid verschieden.
Jeder hat andere Gaben mit in die Wiege gelegt bekommen.
Achtet euch gegenseitig.
Die Vernunft ist sehr wichtig und der Glaube.
Wer glaubt wird auch verstehen, dass ihr alle nur gemeinsam mit Gott lebt, wenn ihr tolerant seid und dazulernen wollt.
Wer nichts dazulernt, bleibt stehen.
Die Welt dreht sich aber schnell und ihr begreift immer noch nicht. Wir leben nicht mehr im Mittelalter.
Alles ist möglich!

In Liebe
euer Gott

133
Glücklich

<u>Botschaft von Gott</u>

Ja, ich bin da.

Wenn ihr glücklich seid, bin ich es auch.
Es ist ein schönes Gefühl, welches euch Kräfte verleiht und so leicht schweben lässt wie ein Engel.
Wer glücklich ist, bekommt Glücksgefühle und ist im wahrsten Sinne des Wortes berauscht.
Es klingt eine Melodie in eurem Körper und die Welt ist für euch ein Paradies.
Glücklich sein heißt auch, dieses Glück ausstrahlen zu lassen auf andere Menschen und auch auf mich.
Das Glück greift um sich, weil jeder ein Stückchen Glückstorte abbekommt.
Sie bekommt jedem, denn die Freude die ihr teilt, ist doppelte Freude.
Ich, euer Gott, wünsche euch viele glückliche Momente.
Ihr tragt sie ins Universum und verändert die Energie positiv.
Die Schwingungen kommen auf die Erde zurück und löschen viel negative Energie.
Versucht jeden Tag glücklich zu sein und gebt davon ab.
Ich bin stolz auf euch!

In Liebe
euer Gott

134
Bescheidenheit

<u>Botschaft von Gott.</u>

Ja, ich bin da.

Bescheidenheit ist eine Zier, Bescheidenheit ist keine Gier.
Ich wünsche mir Bescheidenheit weil sie mir zeigt, wie glücklich diese Menschen sind.
Ich kenne viele Menschen hier auf Erden und halte sie alle gut auseinander.
Es ist sehr einfach, denn ihr seid so verschieden wie Feuer und Wasser.
Ich sage euch nur, der bescheidene Mensch klagt nicht, er freut sich des Lebens und macht aus allem das Beste.
Gelingt mal etwas nicht so gut, bleibt er ruhig und sagt sich: „ Nicht verzagen, ich bin in guten Händen, Gott ist bei mir.
Ich weiß, dass er mich liebt und nicht im Stich lässt.“
Der bescheidene Mensch gibt sein Letztes her. Er kennt keinen Neid und keinen Hass.
Die Liebe ist sein Fundament, welches er mit seinem Herzen gebaut hat.
Es ist einfach der Raum da, für das Gute der Welt!
Ihr seid meine Engel auf Erden!

In Liebe
euer Gott

135
Raffiniert

<u>**Botschaft von Gott**</u>

Ja, ich bin da.

Nicht nur ihr Menschen müsst verzweifelt sein, sondern ich,
euer Gott, leider auch.
Wenn das raffinierte Verhalten um sich greift, ist keiner von
euch mehr sicher.
Ein raffinierter Mensch kann die Welt auf den Kopf stellen.
Er behauptet Sachen, die einfach nicht stimmen.
Er lügt, betrügt und denkt nur an sich.
Alle Mittel sind ihm recht um an das Ziel zu kommen,
welches er sich in den Kopf gesetzt hat.
Viele Mitmenschen fallen darauf herein und sind den Intrigen
ausgesetzt.
Zu oft wird erst alles aufgedeckt, wenn es zu spät ist.
Was kann ich euch raten, wie sollt ihr damit umgehen?
Beobachtet eure Mitmenschen besser und habt keine
Abneigung.
Diese Menschen müssen lernen, dass sie nicht immer
gewinnen. Versucht schlauer zu sein und steckt die
Raffinierten in die Tasche.
Ihr habt dann klug gehandelt, euch kann nichts passieren.
Wir werden gemeinsam klüger sein als die Raffinesse.
Ich verspreche es euch!

In Liebe
euer Gott

136
Hinterlistig

<u>Botschaft von Gott</u>

Ja, ich bin da.

Die List greift von hinten an, wie ein Tier, welches eine Beute erjagen will. Darum heißt es hinterlistig.
Ihr Menschen könnt das auch sein, wenn ihr meint, ihr könnt damit viel erreichen.
Dann seid ihr nicht ehrlich und aufgeschlossen sondern heimlich, horchend, tut so, als ginge es euch nichts an.
Die Wirklichkeit ist ganz anders.
Ihr denkt euch eine List aus, die den anderen Menschen in eine Falle lockt.
Damit habt ihr nicht gerechnet.
Eine schlimme Geschichte.
Lasst euch nicht überlisten.
Passt auf, seid auf der Hut.
Glaubt nicht alles, es könnte ein Trick sein.
Ich sehe und höre alles und weiß, diese Menschen müssen lernen!

Ich liebe euch
euer Gott

137
Beleidigung

<u>Botschaft von Gott.</u>

Ja, ich bin da.

Eine Beleidigung kann sehr weh tun und tief ins Herz gehen.
Sie schmerzt euch.
Ein Mensch, der euch beleidigt, will euch bewusst weh tun.
Seid schlau, nehmt diese Beleidigung nicht an.
Lasst sie von euch abprallen.
Ihr allein wisst, dass es nicht so ist.
Am besten, ihr hört nicht hin, oder vergesst sie ganz schnell.
Ich mag solche dummen Menschen nicht, die beleidigen.
Jeder sollte sich selber ansehen.
Ich bete für euch!

In Liebe
euer Gott

138
Kunst

<u>**Botschaft von Gott**</u>

Ja, ich bin da.

Kunst macht euer Leben würdevoll und verschönt die Welt.
Sie hat in allen Epochen ihren Weg gefunden.
Wer Kunst liebt, wird immer ein aufgeschlossener und
weltoffener Mensch sein.
Wer ein Künstler ist, gibt viel Neues und Interessantes, wie
Schöngeistiges, Abstraktes oder Wertvolles weiter.
Er bezaubert die Menschheit mit guter Musik, schöner
Malerei, Gedichten, Geschichten oder Tanz.
Im Theater zeigen sie Kunst und spielen eine Rolle der
Begeisterung.
Kunst betört unsere Sinne und verfeinert unsere Gefühle.
Ihr seid sehr wertvoll mit eurer Kunst.
Ihr hinterlasst ein Erbe.
Menschen, die kein Verständnis für Kunst haben oder sie
sogar zerstören, sind für diese Welt undenkbar.
Wir können es nicht begreifen, wo ihr Sinn liegt.
Sie sind arme Seelen und brauchen Hilfe.
Diese negativen Energien müssen durch positive ersetzt
werden.
Das Gute wird immer siegen, wenn ihr es wollt und dafür
kämpft.
Liebe zur Kunst ist ein Zauber der nie verloren geht!
Ich bin bei euch!

In Liebe
euer Gott

139
Vergessen

<u>Botschaft von Gott</u>

Ja, ich bin da.

Ihr Menschen wollt etwas vergessen, ihr müsst etwas
vergessen oder ihr vergesst einfach, weil ihr es nicht mehr
behalten könnt.
Alles Vergessen, ist in eurem Körper so eingeteilt, dass es gut
oder schlecht für euch ist.
Vergessen wollen, hat immer etwas mit einer schlechten
Erinnerung zu tun.
Ihr wollt daran nicht denken, weil es furchtbar weh tut, daran
erinnert zu werden. Ihr geht daran fast zu Grunde.
Etwas vergessen zu müssen, ist aus dem Leben zu streichen,
weil es euch bis in den Traum verfolgt.
Ihr werdet gejagt von einem Ereignis.
Es schmerzt, die Seele weint, ihr denkt, dass euer Leben nicht
mehr weiter geht.
Lasst los, es gibt immer einen Trost.
Ich bin da und gebe euch Mut zum Vergessen.
Ein alter Mensch, der nichts mehr behalten kann, muss
umsorgt werden. Er schafft das Leben nicht mehr allein.
Er vergisst nach und nach sein Leben und lebt in seiner
eigenen Welt!
Das Leben braucht immer und in jedem Fall viel Mut.
Nehmt es an und denkt daran, es soll alles so sein!

In Liebe
euer Gott

140
Rassismus

<u>Botschaft von Gott</u>

Ja, ich bin da.

Was wollt ihr Menschen der Erde nur, oder was wollt ihr
nicht?
Ihr habt oft einen sehr starken Willen und damit schon viel
zerstört.
Ihr wollt mit dem Kopf durch die Wand und glaubt, euch
gehört die Macht über die Menschen.
Da irrt ihr aber gewaltig, denn ich bin auch noch da.
Ihr mögt die Hautfarbe nicht, den Glauben oder den
Menschen aus einer anderen Religion?
Ihr wisst gar nicht, dass ihr kein Recht habt Menschen zu
verurteilen, die euch nicht gefallen.
Lasst es zu, dass die Welt sich vereint.
Kämpft für die Zusammengehörigkeit und Frieden auf allen
Erdteilen.
Es darf nicht passieren, dass Menschen getötet werden, weil
sie aus einer anderen Kultur kommen.
Besinnt euch.
Die Welt gehört mir.
Ich liebe euch alle, daran solltet ihr euch ein Vorbild nehmen.
Lernt von mir und glaubt an mich.
Ich bin da!
Die Welt wird eines Tages zufriedener sein!

In Liebe
euer Gott

141
Zeit

__Botschaft von Gott__

Ja, ich bin da.

Ihr Menschen wartet auf ein besonderes Ereignis an diesem Tag! Die Zeit soll schnell vergehen.
Eh ihr euch aber besinnt, ist die Zeit reif und alles ist schon wieder Vergangenheit.
Die Zeit läuft euch manchmal davon.
Sie bleibt nicht stehen und sie ist das für euch, was übrig bleibt.
Das Gestern ist vorbei, der Tag vergeht wie im Flug und der Morgen ist noch eure Zeit.
Übermorgen ist auch noch eure Zeit.
Nutzt sie gut, denn ihr wisst nicht, was sie mit euch vorhat.
Wenn die Zeit reif ist, kann viel passieren.
Euer Leben kann sich verändern.
Wenn die Zeit des Lebens abgelaufen ist, dann begebt ihr euch in eine andere Zeit.
Die Zeit kann auch Angst machen.
Ihr werdet jeden Tag älter und damit habt ihr auch immer weniger Zeit für das Leben auf der Erde.
Wenn eines Tages eine andere Zeit kommt, nehmt sie an.
Es ist eure Zeit.
Ich stelle sie euch zur Verfügung, damit ihr sie nutzt für die Liebe und den Glauben!

In Liebe
euer Gott

142
Trost

<u>Botschaft von Gott</u>

Ja, ich bin da.

Jeder Mensch kommt mal in die Lage, in der er Trost braucht.
Trost ist wie ein liebevoller Mantel, der euch schützt.
Leider gibt es immer wieder traurige Anlässe, an denen ihr
Trost sucht und von guten Mächten auch bekommt.
Diese guten Mächte zeigen euch einen Weg aus der Trauer
und Verzweiflung.
Menschen, die Trost spenden können, wie Seelsorger oder
einfach mitfühlende, verständnisvolle Menschen sind sehr
wertvoll.
Sie geben euch Halt damit ihr es lernt, dass alles seinen Sinn
im Leben hat.
Euer Leben muss weitergehen.
Ein Schicksal ist oftmals grausam und gemein.
Dann fragt ihr: „Wo war Gott?"
Ihr glaubt nicht mehr an mich.
Ich kann nur in das Schicksal eingreifen, wenn ich euer
„Buch des Lebens" lese und dann etwas verändere.
Passiert etwas plötzlich, soll es so sein.
Ich hatte dann den Wunsch, euch zu mir zu holen.
Hier erhaltet ihr eine besondere Aufgabe.
Alles ist so, wie es sein soll.
Die Liebe geht nie verloren.
Tröstet euch, es gibt ein Wiedersehen!

In Liebe
euer Gott

143
Widerspruch

Ja, ich bin da.

Wer von euch liebt schon einen Widerspruch.
Ihr bekommt kein Recht und möchtet gerne Recht haben.
Ihr müsst euch damit auseinandersetzen und habt ja dann auch
einen Widerspruch. So einfach ist das.
Widersprüche sind Triebkräfte und können sehr produktiv
sein. Durch viele Überlegungen, kommt ihr auf viele
Möglichkeiten und eh ihr euch verseht, habt ihr euch
weiterentwickelt und seid klüger geworden.
Der Widerspruch kann also hilfreich sein.
Der Mensch entwickelt sich dadurch und überdenkt sich selbst
und seine Meinung.
Sehr gut!
Schön, dass es den Widerspruch gibt!

In Liebe
euer Gott

144
Intoleranz

<u>Botschaft von Gott</u>

Ja, ich bin da.

Wenn ihr Menschen intolerant seid, dann könnt ihr nicht
akzeptieren, dass ein anderer Mensch anders denkt als ihr.
Ihr seid in eurer Meinung so verbohrt und glaubt, ihr seid der
Klügste.
In einer unfreundlichen Art und Weise müsst ihr euch
behaupten.
Das kommt nie gut an.
Erklärt ruhig und besonnen, und wenn der Mensch neben dir
es anders sieht, lasst ihn, es ist seine Meinung, akzeptiert sie.
Sucht den Frieden, nicht den Krieg.
Ich höre euch!

In Liebe
euer Gott

145
Geburtstag

<u>**Botschaft von Gott**</u>

Ja, ich bin da.

Heute feiert ein Mensch auf Erden seinen Geburtstag.
Er steht morgens auf und hat einen geschmückten Tisch
mit einer Torte und Geschenken.
Blumen und Kerzen strahlen Liebe aus.
Es ist euer Tag. Ihr freut euch.
Ihr habt gesund und munter das neue Lebensjahr erreicht.
Viele Gäste kommen und gratulieren und wünschen nur das
Beste. Sie mögen dich und freuen sich, dass es dich gibt in
ihrem Leben. So ist ein Geburtstag, Freude und Liebe.
Auf der Welt ist es so eine Sache mit der Gerechtigkeit.
Nicht jeder Mensch wird zum Geburtstag verwöhnt.
Entweder fehlt die Liebe, das Geld oder der Mensch ist
einsam und verlassen. Ursachen gibt es viele.
Seid nicht traurig. Ein Blatt kann sich oft wenden.
Das nächste Jahr ist dann vielleicht ein Feuerwerk der Liebe
zum Geburtstag.
Ihr lernt einen lieben Menschen kennen, der euch schätzt und
verwöhnt. Manchmal braucht alles seine Zeit.
Ich helfe euch in das neue Lebensjahr und weiß, es wird euch
gut gehen.
Betet und liebt mich auch!

In Liebe
euer Gott

Geist

<u>Botschaft von Gott</u>

Ja, ich bin da.

Was habt ihr für einen Geist in eurem Körper, ich weiß es.
Er kann gut oder böse, klug oder dumm, gutmütig oder
berechnend, arm oder reich, krank oder gesund sein.
Es ist nicht einfach mit euch.
Eure Gedanken können viel anrichten.
Sie lassen euren guten Geist leben oder sterben.
Wenn euer Geist gut ist, dann denkt er positiv und schickt
viele positive Energien ins Universum, die die Welt erblühen
lassen. Aber wehe euer Geist ist böse, dann steht ihr mir nicht
nah. Ihr seid weit von mir entfernt und schickt negative
Energien zu mir. Ihr seid dann Menschen, die die Erde nicht
verbessern können.
Erzieht euren Geist bitte, weil er sonst Unheil anrichten kann.
Die Welt darf nicht krank werden weil es Menschen gibt,
die auf ihren Geist nicht achten.
Bitte hört in euch rein und tragt das Gute um die Welt.
Alles andere hat nichts mit mir zu tun.
Ich wünsche mir kluge Menschen mit einem gesunden Geist!
Lernt dazu und passt auf was ihr sagt und wie ihr handelt.
Ich brauche euch und eure Hilfe!

In Liebe
euer Gott

147
Geistlos

<u>Botschaft von Gott</u>

Ja, ich bin da.

Wie kann ein Mensch geistlos sein?
Es ist traurig um ihn bestellt.
Sein Geist hat ihn im wahrsten Sinne des Wortes verlassen.
Entweder er ist so krank, dass nur noch der Instinkt
funktioniert oder er liegt im Koma und der Geist ist
entwichen. Im Tod ist der Geist auch nicht mehr bei euch.
Er ist schon in einer anderen Welt.
Mit anderen Worten, ein Mensch der nicht mehr denkt oder
nicht mehr lebt, hat keinen Geist.
Wenn der Mensch wieder zu sich kommt, tritt der Geist
wieder in den Körper. Alles hat seinen Sinn im Universum.
Geist und Körper funktionieren nur gemeinsam, wenn der
Körper gesund ist.
Euer Geist lebt weiter und wird sich einen anderen Körper
suchen. Das ist ein Gesetz. Der Geist stirbt nie!
Er kann unendlich leben.
Lasst zu, dass er in eurem Leben viel lernt und klug weiter-
zieht in einen anderen Körper.
Ihr habt davon nur Gutes.
Ihr erntet das, was ihr gesät habt in eurem Geist.
Die Welt wird es danken!

In Liebe
euer Gott

148
Abschied

<u>Botschaft von Gott</u>

Ja, ich bin da.

Sich von etwas trennen, ist der Abschied.
Ihr wisst, ihr seht den Menschen nie mehr wieder.
Abschied nehmen, ist mit grausamen Szenen verbunden.
Es gibt Tränen, Versteinerungen und sogar Zusammenbrüche.
Es hilft aber alles nicht weiter.
Der Mensch muss da durch und das weiß er.
Bloß wie er es schafft, dass weiß er nicht.
Starke Nerven sind gefragt, die an das eigene Leben
appellieren.
Passt auf euch auf, denn ihr steht gerade am Abgrund.
Jetzt braucht jeder Mensch Beistand und Hilfe, nicht zuletzt
Trost. Den Trost wollt ihr nicht hören, ihr braucht ihn aber zu
eurem Schutz. Bedenkt, ihr könnt nichts mehr an der Situation
ändern. Der Abschied ist immer eine Trennung.
Sucht einen Weg aus der Verzweiflung und bedenkt, der
Mensch ist nur vorgegangen, ihr geht hinterher, eines Tages.
Es gibt ein Wiedersehen. Liebe bleibt in Verbundenheit, sie
überdauert alles. Liebe ist ein Lichtstrahl, der den Weg sucht,
sich wiederzufinden.
Macht euch stark!

In Liebe
euer Gott

149
Wahnsinn

Ja, ich bin da.

Einen Menschen in den Wahnsinn zu treiben, das gab es und
das wird es immer wieder geben.
Menschen können leider rücksichtslos sein und merken nicht,
dass ein Mensch zerbricht.
Er wird ausgenutzt und es wird nicht danach gefragt, wie weit
die Grenze des Möglichen geht.
Immer drauf, er ist ja gutmütig und lässt alles mit sich
machen. Bis er plötzlich zusammenbricht und keine Nerven
mehr hat. Die Nerven sind verbraucht und er ist nicht mehr
belastbar. Schlimmer noch, der Mensch kann bei Überlastung
seinen Verstand verlieren und wird wahnsinnig.
Er schreit und tobt nur noch und kennt seine Familie nicht
mehr. Er kann nichts mehr richtig einordnen.
Das ist sehr traurig. Er gehört in eine Klinik.
Viele Menschen bleiben dort bis zum Ende ihres Lebens.
Es gibt kein Zurück mehr aus dem Wahnsinn.
Liebe Menschen, geht besorgter und fürsorglicher mit euren
Mitmenschen um.
Sagt nicht: „ Stell dich nicht so an, es geht noch.“
Plötzlich, geht nichts mehr, ihr steckt in keinem Menschen
drin. Die Kliniken sind voll. Wenn ihr wüsstet, was in
Kliniken los ist! Manchmal habt ihr keine Ahnung.
Glaubt mir! Ihr seid auch nur Menschen.
Passt auf euch auf und betet!

In Liebe
euer Gott

150
Verzweiflung

<u>Botschaft von Gott</u>

Ja, ich bin da.

Zum Verzweifeln gibt es genug Gründe, bloß die Lösung liegt nicht im Festhalten des Problems.
Es muss immer gehandelt werden.
Sorgt dafür liebe Menschen, dass die Verzweiflung nicht wächst, sondern kleiner wird.
Helft wo ihr könnt.
Schenkt Liebe und Vertrauen und baut die Hoffnung wieder auf. Alles wird gut, wenn ihr es wollt!
Jede gute Tat bringt Freude ins verzweifelte Herz.
Es ist eine ehrenvolle Aufgabe, die Verzweiflung aufzulösen.
Die Welt wird jeden Tag ein kleines bisschen besser, wenn ihr Menschen so denkt und handelt.
Ihr seid meine Engel und es werden immer mehr!

In Liebe
euer Gott

151
Chaos

<u>**Botschaft von Gott**</u>

Ja, ich bin da.

Ein Mensch, der Chaos veranstaltet, ist ohne Überblick.
Er kennt keine Ordnung und weiß nicht, wo etwas hingehört.
Der Platz ist überall und alles türmt sich übereinander.
Der Überblick geht verloren und das Chaos bricht aus.
Solche Menschen leben in ihrem Durcheinander.
Sie brauchen Hilfe.
Sie schaffen es nicht allein.
Betet für sie und helft durch gutes Vorbild.
Es muss eine Lösung geben:
lernen, lernen und nochmal lernen.
Anders wird es nichts.
Ruft mich, ich helfe, wenn ich möchte!

In Liebe
euer Gott

152
Unordnung

<u>Botschaft von Gott</u>

Ja, ich bin da.

Wenn ihr Menschen euer Chaos beherrscht und noch findet,
was ihr sucht, dann ist es ja gut.
Aber bedenkt, die Zeit sie eilt und wenn ihr sucht, gehen
nützliche Minuten verloren.
Das ist es nicht wert!
Jede Minute eures Lebens ist wertvoll und das Suchen muss
nicht zu eurem Lebenselixier gehören.
Nutzt die Zeit für wertvollere Beschäftigungen.
Ihr Menschen solltet ein bestimmtes Prinzip beachten.
Alles hat seinen Platz im Leben.
Es kann euch nichts Besseres passieren, dann habt ihr
Ordnung.
In der Dunkelheit seine Brille oder etwas anderes zu finden,
bedeutet, ich habe keine Unordnung.
Lernt, mit euren täglichen Dingen besser umzugehen.
Sie sind es wert, dass sie ihren Platz haben.
Sie lieben es nicht, ständig woanders gesucht zu werden.
Es ist ja so einfach.
Probiert es aus und ihr habt mehr Zeit.
Ich liebe euch und bete für euch, dass ihr es schafft!

In Liebe
euer Gott

153
Unpraktisch

<u>Botschaft von Gott</u>

Ja, ich bin da.

„Unpraktisch", kann immer etwas hemmen.
Das heißt, etwas ist zu groß oder zu klein.
Etwas anderes ist zu hell oder zu dunkel.
Da steht der Tisch, er ist zu klein, es passen einfach nicht
genug Menschen daran, oder er ist zu groß und nimmt zu viel
Platz im Zimmer ein.
Wenn etwas zu hell ist, wird es schneller für schmutzig
angesehen. Eine weiße Couchgarnitur, ist unpraktisch, weil
sie empfindlich ist. Unpraktische Sachen können uns gefallen,
aber sie können unnütz sein.
Kauft euch praktische Küchen oder Gartengeräte.
Alles andere braucht nur Zeit und Zeit ist kostbar.
Lasst euch aber Zeit beim Überlegen, denn in der Eile, könnt
ihr viel falsch machen.
Die Wohnung sollte praktisch sein, für ältere Menschen.
Nicht so viele Treppen haben und nicht so viele Teppiche.
Überall im Leben ist Klugheit gefragt.
Immer bei allem nützlich vorausdenken.
Ihr bekommt immer einen Denkzettel.
Passt auf alles auf!

In Liebe,
euer Gott

154
Sinnlichkeit

<u>Botschaft von Gott</u>

Ja, ich bin da.

In der Sinnlichkeit steckt etwas sehr Feines, Zerbrechliches und wunderbar Berauschendes.
Eine sinnliche Musik ist zum Träumen gemacht und beruhigt die Seele und die Nerven.
Ein sinnlicher Mensch ist niemals grob oder ausfallend.
Er besitzt eine feine harmonische Stimme und hat ein sehr ausgeglichenes Leben.
Sinnlich zu sein, heißt auch, mehr zu sehen und zu hören, als jeder andere Mensch. Er ist feinfühlig und verletzbar.
Er liebt in den meisten Fällen die Kunst und beschäftigt sich damit. Er sucht besonnene, ruhige Momente und Beschäftigungen.
Er achtet auf Kleinigkeiten und liebt die ruhige, ausgeglichene Natur. Ein Spaziergang im Wald und durch die Wiese, wo leise der Bach rauscht, ist seine Welt.
Hier kann er Eindrücke sammeln und wiedergeben.
Die Erde braucht sinnliche Menschen.
Sie schätzen, lieben und behandeln ihre Mitmenschen würdevoll.
Ich bin stolz auf sie. Sie gehören ins Reich der Sinne.
Nehmt euch ein Beispiel an ihnen!
Lernt und versteht die Welt der Ruhe.
Ihr braucht keinen Lärm, der schadet nur.
Ich bete für euch und für die Sinnlichkeit!

In Liebe
euer Gott

155
Scham

Botschaft von Gott

Ja, ich bin da.

Liebe Menschen, wenn ihr meine Meinung über die Scham lesen wollt, dann lest ganz genau, denn jeder kennt Schamgefühle. Sie hat zwei Seiten, die eine Seite ist gut für euch und die andere ist schlecht, sie schmerzt euch.
Wie sieht das bei euch so aus?
Wenn ein Mensch unter euch entstellt ist oder besonders auffallend, zu dick oder zu dünn. Jeder sieht das und schaut zweimal hin. Ihr schämt euch für eure Ungewöhnlichkeit.
Das ist eigentlich normal aber nicht gesund. Entwickelt keine Scham, sondern ein gesundes Selbstbewusstsein.
Nur ihr wisst, warum es so ist.
Kein Mensch der lästert, weiß, wie es mal plötzlich bei ihm kommen kann.
Ein Unfall oder schwere Krankheiten verändern einen perfekten Körper. Legt die Scham ab, sie hilft euch nicht weiter. Schlimmer ist es, wenn ein Mensch ein schamloses Verhalten hat. Dafür gibt es keine Entschuldigung.
Schamlos sein, ist hier oftmals ein Verbrechen.
Solche Menschen sind grausam zu allen Menschen. Nehmen ihnen auf der Straße die Tasche mit Geld fort oder töten wegen 20 Euro. Da gibt es keine Scham. Hier bin ich entsetzt!
So habe ich euch nicht gewollt. Ihr braucht die 10 Gebote nicht. Ihr überschreitet die Gesetze! Schämt euch dafür!
Wenn nicht, werdet ihr hier bei mir, das Schämen lernen!

In Liebe
euer Gott

156
Feuer

<u>Botschaft von Gott</u>

Ja, ich bin da.

Alles gut, alles schlecht, alles furchtbar, alles entsetzlich, alles
zum Weinen und alles zum Sterben.
So vielseitig ist das Feuer. Es greift von einem kleinen Funken
über zu einer Flamme und dann breitet es sich aus zu einer
riesigen Gewalt. Es nimmt auf nichts Rücksicht, alles was ihm
in den Weg kommt, wird vernichtet.
Es wütet und macht in Minuten alles dem Erdboden gleich
oder es stehen nur noch Ruinen da.
Familien mussten in ihren Häusern durch die Energie des
Feuers und Rauches sterben. Grausamer geht es nicht.
Dann fragt ihr wie zu Recht: „ Wo war Gott? Warum hat er
das zugelassen?“
Ich habe keine Macht über das Feuer, es ist stärker als ich.
Ich kann nicht für alles gerade stehen.
Ihr Menschen müsst gut aufpassen, oder es steht in eurem
Schicksal drin, dann sollte es so sein.
Das Feuer hat auch gute Seiten, es wärmt und bringt Energie.
Lasst euch keine Angst machen.
Geht mit dem Feuer immer verantwortungsbewusst um.
Macht keine Dummheiten damit, ihr könntet es bereuen.
Überlegt gut und handelt in meinem Namen!

In Liebe
euer Gott

157
Wasser

<u>Botschaft von Gott</u>

Ja, ich bin da.

Wenn das Wasser auf der Erde nicht wäre, dann gäbe es keine
Lebewesen. Wasser ist Leben.
Ich sage es euch immer wieder,
Wasser ist ein kostbarer Schatz.
Ihr trinkt es, ihr wascht euch damit sauber, ihr kocht damit,
die Wäsche wird gewaschen und die Blumen werden damit
begossen, damit sie nicht verkümmern.
Ihr Menschen braucht das Wasser!
Wenn es nach einer langen Trockenperiode vom Himmel
regnet, dann habt ihr schon auf diesen Regen gewartet. Er
erfrischt die Natur, reinigt die Luft und ihr habt in Behältern
Wasser aufgefangen.
Welche Freude für euch Menschen.
Seid dankbar für diese Gabe!

Ich liebe euch,
euer Gott

158
Sturmflut

<u>Botschaft von Gott</u>

Ja, ich bin da.

Kein sehr schönes Thema, aber leider gibt es sie.
Ihr Menschen habt Angst davor und seid auch schon
um euer Leben gelaufen.
Es ist eine Katastrophe, die immer wieder Schaden anrichtet.
Sie hat kein Erbarmen mit euch.
Ich kann euch leider nicht helfen.
Ihr müsst klug handeln und vorbeugen.
Wasser und Feuer habe ich einen freien Willen gegeben,
sowie euch auch.
Alles was mit dem Schicksal zu tun hat,
liegt nicht in meiner Macht.
Ihr müsst klug sein und kämpfen!

In Liebe
euer Gott

159
Überschwemmung

<u>Botschaft von Gott</u>

Ja, ich bin da.

Nach langen Regenperioden kann es passieren, dass die
Flüsse überlaufen, die Staudämme das Wasser nicht mehr
halten können und es strömt mit einer gewaltigen Kraft über
die Ufer. Meterhoch steht das Wasser. Die Keller laufen voll
und die Häuser versinken bis zur Hälfte im Schlamm. Es kann
so schnell passieren, dass ihr nicht mehr reagieren könnt, wie
ihr möchtet. Dann ist euer Leben zu retten, denn ihr könnt
nicht mehr zurück in euer Haus. Viele Menschen sind schon
ertrunken. Das ist die Welt, mit all ihren guten und schlechten
Seiten. Die Natur will sich manchmal rächen an euch
Menschen. Ihr geht damit nicht verantwortungsbewusst um.
Wenn es so weitergeht und die Eisberge schmelzen, dann ist
alles verloren.
Ich sehe vieles traurig mit an und es liegt nicht in meiner
Kraft, einzugreifen. Ihr habt euch schuldig gemacht!
Es muss ein Weg gefunden werden, die Natur zu retten.
Nehmt es nicht zu leicht, eure Generationen nach euch haben
es nicht verdient, dass die Erde untergeht!

In Liebe
euer Gott

160
Bibel

<u>Botschaft von Gott</u>

Ja, ich bin da.

Liebe Menschen, die Bibel kennt ihr fast alle auf der Welt.
Sie ist mein kostbarer Schatz und für euch sollte sie auch ein Schatz sein!
Sie zeigt euch Gut und Böse und die Zehn Gebote sind für euch Richtlinien für das Leben.
Ich habe an der Bibel lange gearbeitet.
Dann habe ich sie auf die Erde zu euch Menschen übertragen.
Es war ein langer Weg.
Über 40 Menschen aus 3 verschiedenen Kontinenten haben sie geschrieben, nach meinen Worten.
Keiner kannte den anderen.
Es waren Menschen aus verschiedenen Berufszweigen, die alle meine Worte und Sätze bis hin zur ganzen Bibel aufgezeichnet haben, in einer Zeit von 1500 Jahren.
Viele mussten diese Tat mit ihrem Leben bezahlen.
Ihr Menschen sollt wissen, meine und auch eure Bibel ist sehr wertvoll. Wenn ihr mich nicht fallen lassen wollt, dann lest in dem Buch und bildet euch. Mein Wort ist wahr!
Ich bin euer Gott und liebe euch Menschen.
Bitte liebt mich auch.
Die Welt darf nicht verloren gehen!

In Liebe
euer Gott

161
Frühling

<u>Botschaft von Gott</u>

Ja, ich bin da.

Der Frühling gefällt euch Menschen sehr.
Die Natur fängt an, sich zu besinnen und strahlt eine neue
Kraft aus.
Ihr Menschen werdet auch aktiver und freut euch auf die
ersten Blumen.
Alles wird grüner um euch herum, die Bäume verlieren ihre
nackten Äste, sie werden von Tag zu Tag voller und üppiger.
Die Vögel zwitschern wieder in aller Frühe, und die Sonne
strahlt am Morgen ins Fenster.
Alles entfaltet sich, und ihr Menschen freut euch des Lebens.
Ihr bekommt neue Energie und überlegt euch, was ihr um
euch herum verschönern könnt. Sei es im Garten, am Haus,
oder in der Wohnung.
Der Frühjahrsputz wartet. Der Winter war lang genug.
Jetzt heißt es mit frohem Mut an die Arbeit.
Ich beobachte euch gerne und freue mich über euren Eifer.
Genießt die Frühjahresluft, sie hat einen besonderen Duft und
vergesst nicht, alles hat seine Zeit!

Ich liebe euch
euer Gott

162
Sommer

<u>Botschaft von Gott</u>

Ja, ich bin da.

Hurra, hurra, der Sommer ist nun da.
Ihr habt Kraft getankt vom Frühling und freut euch
jeden Tag über all die Naturwunder.
Da gibt es Blumen in allen Farben, die üppig ihre Blüten
zeigen. Wie schön, denkt ihr. Was die Natur so alles zaubert.
Die Früchte werden reif und geben euren Körper und euren
Sinnen ein besonderes Energiefeld.
Sie schmecken süß und verführerisch.
Ihr erntet sie mit Vergnügen.
Die Kinder spielen in der Natur und sind ausgelassen und
fröhlich. Sie baden mit den Eltern und laufen am Strand oder
bauen Burgen aus dem Sand.
Am Abend ist es länger hell und ihr bleibt länger auf.
Der Schlaf kann warten. Es wird gefeiert und ihr Menschen
erfreut euch des Lebens.
Überall ist Schwung und Elan zu spüren.
Wenn es einmal sehr heiß wird am Tag, sucht ihr eine
Abkühlung und den Schatten.
So ist der Sommer, er kommt jedes Jahr wieder und ich freue
mich für euch.
Nutzt die Energie, sie verleiht euch Flügel!

In Liebe
euer Gott

163
Herbst

<u>Botschaft von Gott</u>

Ja, ich bin da.

Der Herbst hat auch seinen Reiz,
denn die Natur verändert sich grundlegend.
Ihr beobachtet das malerische Bild der Bäume, die Blätter
verändern sich in ihrer Farbe. Aus dem satten Grün, werden
leuchtende Farben, wie gelb und rotbraun.
Das ist der Herbst. Dieses Farbenspiel ist eine Pracht.
Der Herbst bereitet die Natur auf den Winter vor.
Leider ist auch diese wunderbare Zeit einmal vorbei.
Es wird kälter und nach dem ersten Frost und den starken
Herbstwinden, verschwinden die bunten Blätter
manchmal über Nacht. Die Bäume stehen wieder da und
wollen uns nicht so richtig erfreuen.
Die Abende werden schneller dunkel und am Morgen, weckt
euch keine Sonne mehr. So richtig gefällt euch das nicht.
Die Blätter liegen überall herum und müssen entsorgt werden.
Ja, liebe Menschen, die schöne Zeit ist zu Ende.
Aber freut euch über jeden Tag des Lebens.
Der Herbst vergeht genauso schnell wie der Sommer.
Die Zeit bleibt nicht stehen!

Ich liebe euch
euer Gott

Winter

<u>Botschaft von Gott</u>

Ja, ich bin da.

Wenn der Schnee vom Himmel rieselt, dann schneit es für euch Menschen.
Die weiße Pracht liegt überall und ihr wisst, das ist der Winter. Kinder lieben den Schnee über alles, sie haben schon darauf gewartet. Dann geht es mit dem Schlitten raus.
Einen Schneemann möchtet ihr bauen und euch darüber freuen. Die Winterlandschaft ist wie ein Märchen, sie kennt gut und böse. Für alte Menschen ist der Winter nicht mehr so schön, durch die Glätte fallen viele Menschen und brechen sich die Beine oder Arme.
Die Autofahrer haben auch ihre Probleme, sie müssen vorsichtig fahren oder sie bezahlen den Übermut
mit dem Leben. Das ist dann sehr traurig.
Passt gut auf euch auf, macht euch jeden Tag eine Freude!

In Liebe
euer Gott

165
Herz

<u>Botschaft von Gott</u>

Ja, ich bin da.

Das Herz, es pumpt und pumpt und klopft und klopft.
Es ist euer Motor im Körper.
Euer Herz kann sehr sensibel sein, es nimmt Freud und Leid
auf. Es ist euer Leben.
Hört es auf zu schlagen, hört ihr auf zu leben.
Viele Menschen können 100 Jahre leben, da heißt es,
eine gute Gesundheit zu haben.
Schützt euer Herz vor Stress, den mag es überhaupt nicht.
Lebt bewusst und achtet auf euren Körper.
Das Herz wird es euch danken.
Ich wünsche euch viel Kraft und ein langes Leben!

In Liebe
euer Gott

166
Schönheit

<u>Botschaft von Gott</u>

Ja, ich bin da.

Schönheit hat immer etwas mit der Einstellung, mit der Liebe,
mit dem Bewusstsein und mit dem Blickwinkel zu tun.
Deshalb ist Schönheit relativ.
Alles, was für euer Auge schön aussieht,
muss nicht immer schön sein.
Die Augen sehen sehr oberflächlich und können aus einer
Laune heraus alles falsch sehen.
Nur wer mit dem Herzen und der Liebe sieht,
erkennt die Wahrheit.
Wer einen alten Menschen, der viele Falten hat,
nicht schön findet, der hat ein falsches Denken.
Seht euch die Augen an und das Wesen.
Die Augen schauen klug und lieblich und das Wesen zeigt
Liebe und Güte.
Das ist die Schönheit, sie geht auch im Alter nicht verloren.
Richtet eure Blicke bitte mit dem Herzen, gemeinsam auf die
Dinge und Menschen um euch herum.
Macht euch die Arbeit, die Schönheit zu suchen.
Ihr findet sie, wenn ihr euch Mühe gebt.
Lasst euch von der Schönheit nicht die Augen verblenden.
Es könnte euch Schaden bringen.
Seid nie oberflächlich. Ich glaube an euch!

In Liebe
euer Gott

167
Verliebt

Botschaft von Gott

Ja, ich bin da.

Wie schön ist es für euch Menschen, verliebt zu sein.
Eine neue Liebe oder die erste Liebe im Leben sind etwas
ganz Besonderes. Ihr denkt, alles ist gut, alles ist vollkommen,
alles ist berauschend.
Das Glück liegt euch vor den Füßen, ihr braucht es nur
aufzuheben. Einfach wunderbar.
1000 Träume öffnen ihre Türen.
Ihr geht hindurch und seid verzaubert.
Eine wahre Herrlichkeit.
Jeder Weg ist aber einmal zu Ende und dann kommt die
Wirklichkeit. Sie muss nicht bitter schmecken.
Sie kann auch zuckersüß bleiben.
Es hängt immer mit euch Menschen zusammen.
Alles Schöne kann sich der Mensch erhalten, durch die Liebe
und das Bewusstsein. Geht es verloren auf den Wegen, dann
sucht ihr vergebens. Meistens kommt sie nicht zurück.
Achtet immer darauf, dass ihr euch festhaltet und nicht
loslasst, dann ist alles gut. Keiner sucht den anderen.
Also, die Verliebtheit kann der Mensch erhalten bis in den
Tod. Festhalten, dass ist der Schlüssel!
Wer sich nicht festhalten lassen will, soll gehen.
Es gibt immer einen Grund für`s verliebt sein, aber nur einen
für die Liebe. Diesen Schlüssel haltet fest.
Er ist aus Gold und geht nie verloren.
Sein Magnet hält euch zusammen!

In Liebe
euer Gott

168
Musik

<u>Botschaft von Gott</u>

Ja, ich bin da.

Ihr Menschen habt die Musik erfunden, und sie gefällt euch.
Mir gefällt sie auch, und ich bin glücklich, wenn ich singende
und tanzende Menschen sehe.
Überall ist der Klang und die Liebe zu spüren.
Die Musik öffnet alle Türen ins Universum.
Dort wird sie gespeichert und geht nie verloren.
Diese positive Energie ist besonders wertvoll.
Nutzt sie für eure Lebensfreude, so oft es geht.
Musik kann Menschen verbinden und Liebe zaubern.
Eure Seelen werden beglückt und eure Augen strahlen wie
Sterne. Depressionen, könnt ihr mit der richtigen Atmosphäre
und musikalischen Klängen beheben. Einfach wunderbar!
Welche Wahl der Musik ihr Menschen trefft, ist ganz nach
eurem Geschmack. Es gibt sie von leise bis laut, von lieblich
bis tief und die Geräusche sind ganz vielfältig.
Ein Instrument zu beherrschen, bedeutet viel Fleiß.
Es lohnt sich immer. Die Liebe und der Fleiß bringen einen
großen Erfolg. Viele gute Künstler bringen euch gute Musik.
Achtet sie und der Friede und das Glück ziehen bei euch ein!

In Liebe
euer Gott

Spielen

Botschaft von Gott

Ja, ich bin da.

Das Spielen, kann groß und klein erfreuen.
Dafür braucht ihr keine Gabe, ihr müsst nur am
Spiel Freude haben und es lernen.
Schon die Kinder sind begeistert vom Ausprobieren,
Beobachten und Spielen.
Sie lernen sehr schnell und schulen ihr Gedächtnis.
Das ist wiederum sehr gut für die Entwicklung.
Das Spiel fördert den Geist und regt zum Denken an.
Jedes Kind hat ein anderes Spielverhalten. Es lässt sich
erkennen, wo Ehrgeiz und Disziplin hinterstecken.
Dann sollte das Kind von den Eltern gefördert werden.
Ein Genie wächst dann aus den Kinderschuhen.
Der Erfolg kann wachsen und eines Tages
wird er ein Weltmeister.
Wenn ein Erwachsener spielt, geht es meistens um den Spaß
zur Sache. Er sollte die Spiele mit dem Geld meiden.
Sie haben schon viel Unglück gebracht und kaputte Seelen.
Seht euch vor. Geld ist manchmal auch Unglück für euch.
Seid klug und befolgt meinen Rat.
Er hilft euch, den Spaß am Spiel zu suchen und nicht das
Geld!

In Liebe
euer Gott

170
Ungenau

<u>Botschaft von Gott</u>

Ja, ich bin da.

Ungenauigkeit, solltet ihr Menschen nicht akzeptieren.
Wer ungenau arbeitet und schlechte Ware abliefert,
wird nicht weit kommen.
Der genaue Mensch prüft alles und ihr fallt durch.
Keiner möchte dann mit euch zusammenarbeiten,
oder sich von euch etwas anfertigen lassen.
In meinen Augen ist so ein Mensch unfähig und unbrauchbar.
Er wird aussortiert wie seine Ware, die er ausgeliefert hat.
Liebe Menschen die Genauigkeit, ist ein Schlüssel zum
Erfolg. Achtet auf sie.
Macht alles mit Verstand, Ruhe und Liebe zum Detail.
Ohne Verstand seid ihr unfähig, für fast alles.
Lernt, strengt euch an und glaubt nicht, in der Eile liegt die
Qualität. Nur in der Ruhe liegt die Kraft zur Qualität.
Ich beobachte euch Menschen sehr gerne.
Es ist einfach nicht zu glauben, was ich alles so zu sehen
bekomme. Mit Tricks kann man auch Ungenauigkeit
überdecken. Passt auf, liebe Menschen.
Lasst euch nicht überlisten von Betrügern.
Die Welt hat alles zu bieten und Ungenauigkeit kann euch
zum Verhängnis werden!

In Liebe
euer Gott

171
Unüberlegt

<u>Botschaft von Gott</u>

Ja, ich bin da.

So ein Trottel von Mensch, kommt nicht sehr weit.
Wenn ihr etwas vorhabt, solltet ihr versuchen,
vorauszudenken.
Unüberlegt zu handeln kann gut gehen, muss aber nicht.
Jeder Arzt muss bei einer Operation
überlegt und konzentriert arbeiten.
Wenn das nicht der Fall ist, geht es auf Kosten des Patienten.
Unüberlegtes Verhalten hat schon viel Unglück gebracht.
Hinterher heißt es oft, das habe ich nicht gewollt.
Natürlich nicht, aber ihr habt einfach nicht überlegt.
Überlegen kann auch euer Leben schützen.
Lauft nicht Hals über Kopf auf die Straße, es könnte euch
schaden.
Glaubt mir, ich sehe viele Dummheiten und bin sehr traurig
darüber!

In Liebe
euer Gott

172
Genau

<u>Botschaft von Gott</u>

Ja, ich bin da.

Genaue Menschen sind sehr ordentlich, diszipliniert,
ehrgeizig und wollen über die Dinge stehen.
Sie können viel erreichen und auch viel zerstören.
Sie nehmen auch das Geld ganz genau und bewerten
es als ihr Leben.
Sie treiben sich, im wahrsten Sinne des Wortes, mit ihrer
Genauigkeit in die Enge.
Das kann böse Folgen haben.
Liebe Menschen, passt auf und nehmt nicht alles zu genau.
Es kann krankmachen und ihr wisst dann nicht weiter.
Alles hat seine Grenzen, auch die Genauigkeit!

In Liebe
euer Gott

173
Schenken

<u>Botschaft von Gott</u>

Ja, ich bin da.

Das Herz schenkt mit Freude, dann ist es richtig.
Denn eines steht fest: wer schenkt und gerne schenkt,
hat ein großes Herz.
Jeder wünscht, dass sich der Beschenkte über die Gabe freut.
Nicht jedes Geschenk, kommt gut an.
Ihr Menschen habt einen verschiedenen Geschmack.
Darum ist es ganz wichtig, dass jeder den anderen gut kennt.
Macht euch Mühe zu schauen was nützlich ist und was
unnütz. Irgendein Geschenk ist oftmals sinnloses
Geldausgeben und verbreitet keine Freude.
Immer klug und mit dem Herzen handeln, das ist ganz in
meinem Sinn.
Eigentlich ist die Liebe das größte Geschenk, denn sie geht
nicht verloren, wenn der Mensch sie annimmt und behütet.
Nichts ist selbstverständlich, auch nicht das kleinste
Geschenk.
Darum freut euch über jede Kleinigkeit, dann seid ihr wahre
Meister des Lebens!

Ich liebe euch
euer Gott

174
Glückwunsch

<u>Botschaft von Gott</u>

Ja, ich bin da.

Zum Gratulieren, gibt es sehr viele Anlässe.
Euer Leben hat viele Höhepunkte, die einen Glückwunsch
wert sind. Ein Kind wird geboren, es wird getauft.
Eine Hochzeit, eine bestandene Prüfung, eine bestandene
Lehre oder ein Studium. Jedes Jahr euer Geburtstag.
Ein Haus wurde vollendet und ein Richtfest gefeiert.
Zu allem könnt ihr gratulieren.
Jede Gratulation zeugt von Achtung und Anteilnahme.
Freude wird geteilt und auch verdoppelt.
Lasst die Freude in euer Herz und gönnt euren Mitmenschen
das Beste. Es tut euch auch gut und beweist euch eure
Verbundenheit.
Ich blicke auf euch hinunter und bin auch stolz auf euch.
Jede Leistung hat auch Anerkennung und Achtung verdient.
Behaltet diese Anerkennung und Glückwünsche in guter
Erinnerung. Sie gehen nie verloren in eurem Leben.
Das Leben im Alter wird dann bestimmt von der Erinnerung.
Sie ist ein starker Baum, an dem ihr euch festhalten könnt.
Ich freue mich!

In Liebe
euer Gott

Fluchen

<u>Botschaft von Gott</u>

Ja, ich bin da.

Gibt es wirklich so schlechte Geschöpfe auf der Welt,
die fluchen können? Leider gibt es sie genug.
Merkt euch eins, wenn ihr das hier lest.
Der Fluch geht auch ins Universum und richtet für die
Menschen Böses an. Ein positives Wort bringt Gutes.
Wie funktioniert das?
Im Universum gibt es die weiße und die schwarze Magie.
Aber bitte ohne Teufel, den gibt es nicht, den habt ihr nur
erfunden. Ich sage euch, im Universum liegt die Zauberkraft
ENERGIE! Sie ist nutzbar und hilfreich.
Ihr könnt sie zum Heilen benutzen oder für andere gute
Wünsche. Jeder negative Wunsch macht die Erde und die
Menschheit kaputt.
Das wollt ihr doch nicht. Darum lasst das Fluchen sein.
Es kommt auf euch wieder zurück.
Gönnt keinem etwas Schlechtes.
Die Welt braucht positive Menschen mit einem guten
Glauben. Nur so kommen wir weiter und ich bekomme Hilfe
von euch!
Nehmt keinen Fluch in den Mund, er könnte euch schaden.
Passt auf euch auf und zeigt Verantwortung!

In Liebe
euer Gott

176
Trinken

<u>Botschaft von Gott</u>

Ja, ich bin da.

Von Geburt an muss der Mensch trinken.
Es ist eine Notwendigkeit, um zu leben.
Das Wasser ist köstlich und erfrischend.
Achtet es und seht es nicht als selbstverständlich.
Trinkt so viel am Tag wie ihr dürft, aber trinkt nie zu wenig.
Alte Menschen können schnell austrocknen und dann kann das
Gehirn nicht mehr richtig arbeiten.
So etwas ist lebensgefährlich.
Ich weiß, ihr Menschen habt schon viel dazugelernt in all den
Jahren und es hört nie auf. Wie gut!
Nehmt neue Lehren an und befolgt sie, es ist zu eurem Vorteil.
100 Jahre zu werden, heißt auch, das Trinken ernst zu
nehmen. Alle Organe brauchen die Flüssigkeit.
Lebt klug, dann fällt es euch leicht, 100 Jahre zu werden.
Es gibt auch gesunde Säfte, die Kraft spenden.
Oder den Kaffee und Tee, der gerne in Gemeinschaft
getrunken wird, und dann ist die Geselligkeit perfekt.
Aber Vorsicht vor Alkohol!
Er ist Gift für euch. Viele Menschen kennen ihre Grenzen
nicht, dann wird es gefährlich.
Denkt daran, nur der Kluge kommt weiter!

In Liebe
euer Gott

177
Singen

<u>Botschaft von Gott</u>

Ja, ich bin da.

Jeder Mensch der singt, ist fröhlich, es geht ihm gut, und er zeigt mit seinem Gesang eine große Freude im Herzen. Aber auch wenn es euch Menschen nicht gut geht, dann singt einfach mal ein Lied und ihr werdet merken, die Welt verändert sich. Ihr werdet wieder besser drauf sein.
Die Vögel sitzen in den Bäumen und singen auch.
Sie singen gerne, besonders wenn die Sonne scheint.
Einfach gut drauf sein überträgt sich auch.
Ihr stellt euch ein Lieblingslied an oder geht zu einer Musikveranstaltung.
Es gibt ganz tolle Sänger und Sängerinnen auf der ganzen Welt. Der Klang ist berauschend für eure Seele.
Ihr liebt die Musik und die Sänger.
Musik hat schon Menschen geheilt, sie ist ein kostbarer Schatz. Wo man singt, da lasst euch ruhig nieder und ihr lebt im Paradies. Kleine Kinder singen auch schon gerne. Es steckt in ihrer Natur oder wird vorgelebt.
Alles singt und klingt, die Erde ernährt sich von guter Energie.
Gebt sie weiter!

In Liebe,
euer Gott

178
Tanzen

<u>Botschaft von Gott</u>

Ja, ich bin da.

Tanzen ist Lebensfreude und verbindet Menschen.
Sie sind ausgelassen, hören Musik und können es nicht
erwarten, ihre Beine zu schwingen.
Auf der ganzen Welt wurde immer schon getanzt.
Auch wenn ein Mensch allein tanzt vor Glück, weil ihm
gerade eine große Freude hochgerissen hat. Alles ist möglich.
Entscheidend ist immer die Tanzlaune und die Begeisterung
daran. Kinder tanzen und sogar Tiere tanzen vor Freude.
Es ist ein wunderbarer Ausdruck von Elan, Glücksgefühl und
Bewegung.
Schön euch so zu sehen.
Macht weiter so!

Ich liebe euch
euer Gott

179
Springen

<u>Botschaft von Gott.</u>

Ja, ich bin da.

Springen vor Freude, dass soll schon was bedeuten.
Was kann da mit euch sein?
Ein Glücksgefühl kann so ein Temperament auslösen.
Vieles kann euch springen lassen.
Euch ist ein Kind geboren, ihr seid verliebt, ihr habt einen lieben Menschen wiedergefunden oder ihr habt eine schwere Krankheit besiegt.
So viele Möglichkeiten und noch viele mehr gibt es.
Euer Leben ist einfach manchmal eine große Freude.
Genießt sie.
Jeder Moment ist wichtig!

In Liebe
euer Gott

180
Jubeln

<u>Botschaft von Gott</u>

Ja, ich bin da.

Jubeln vor Begeisterung ist des Menschen Natur.
Meistens jubelt ihr bei einem Spiel, welches euch vom Hocker
reißt und wo die Partei, die ihr euch ausgesucht habt, auch
gewinnt. Das ist besonders beim Fußball zu spüren.
Bei den Weltmeisterschaften jubelt die ganze Welt.
Ihr Menschen seid aus dem Häuschen, es wird gefeiert und es
fließen Tränen vor Freude.
So ist es bei fast allen Weltmeisterschaften.
Die Welt ist in Stimmung, und ihr gebt sehr viel gute Energie
ins Universum ab.
Es gibt aber noch 1000 andere Gründe zum Jubeln.
Wenn ihr alle in guter Stimmung seid wegen einer Sache,
dann sind das alles Gründe genug.
So ist das Leben. Freud und Leid liegen dicht nebeneinander.
Der eine jubelt und der andere ist traurig.
Aber es gibt irgendwann einen Ausgleich.
Jede Traurigkeit vergeht, und beim nächsten Spiel wird
wieder gejubelt. Einfach toll!
Erhaltet euch die Spannung in eurem Leben.
Ihr braucht sie wie das tägliche Brot.
Ich bin bei euch!

In Liebe
euer Gott

181
Praktisch

<u>Botschaft von Gott</u>

Ja, ich bin da.

Ein praktisch veranlagter Mensch kann sehr viel bauen,
renovieren und ist in allen Lebenslagen ein Genie.
Er beherrscht jedes Handwerk aus dem ff.
Seine Klugheit, sein Talent und sein Fleiß sparen viel Geld für
andere Handwerker. Davon gibt es zum Glück sehr viele
Menschen auf der ganzen Welt. Es war schon immer so, kluge
und fleißige Menschen können zu hohen Ehren kommen.
Lasst immer euer Können für euch arbeiten.
Im Alter wisst ihr, was ihr geschaffen habt.
Alles ist gut und praktisch für euch.
Mit den Jahren hat sich auf der Welt auch viel verändert.
Es gibt Waschmaschinen, Wasser, welches aus dem Hahn
kommt und Toiletten mit Spülung. Es gibt Fahrstühle für
höhere Gebäude. Alles ist gut und praktisch für euch.
Leider gibt es in armen, unterentwickelten Ländern nichts
davon. Es ist traurig.
Kämpft für die Entwicklung dieser Länder.
Diese Menschen möchten auch gut leben und sich etwas
aufbauen, was für sie praktisch ist!

In Liebe
euer Gott

182
Verstümmelt

<u>Botschaft von Gott</u>

Ja, ich bin da.

Ich glaube, hier möchtet ihr Menschen nicht weiterlesen.
Es ist aber gerade dieses Thema, welches aufhorchen lässt
und nicht vergessen werden darf.
Menschen, die verstümmelt wurden, haben viel Schmerzen
und Leid hinter sich. Aber sie leben!
Der Trost, da zu sein auf der Welt, lässt viele Menschen
sogar noch Hochleistungen vollbringen.
Sie lassen sich nicht runterreißen, sondern kämpfen und
beweisen sich und anderen Menschen, dass es immer eine
Hoffnung gibt, auch in der größten Not.
Kinder werden leider schon mit Verstümmlungen geboren.
Sie kennen es nicht anders und stellen sich darauf ein.
Viele Beweise findet ihr, dass das Leben angenommen und
das Beste rausgeholt wird, mit viel Fleiß, Energie und
Willenskraft.
Solche Menschen können ein großes Vorbild sein.
Sie meistern ihr Leben mit der Verstümmlung.
Es gibt tolle Menschen auf der Erde.
Seid alle tapfer, egal was kommt.
Euer Leben ist immer ein ganz besonderes, ihr seid besonders.
Ich bin stolz auf euch!

In Liebe
euer Gott

183
Ideal

<u>Botschaft von Gott</u>

Ja, ich bin da.

Die Welt besteht auch aus Fantasie, und in eurer Fantasie habt ihr Menschen Ideale.
Eurem Ideal nachzueifern, kann euch zu Höchstleistungen antreiben, aber Vorsicht ist geboten.
Da geht es schon damit los, dass ihr Frauen dem Idealbild der Frauen nacheifert.
Das kann sehr gefährlich werden.
Ihr esst nicht mehr genug und lebt mit einem Bein in der Erde.
Viele junge Frauen haben sich leider schon totgehungert vor lauter Ideal. Soweit darf es nicht gehen.
Und wieder wie immer, ist die Klugheit und Vernunft gefragt.
Ihr müsst euch nicht überernähren, das wäre genau das Gegenteil und auch schädlich.
Sucht den guten Mittelweg, der führt ins Glück.
Ich frage euch: „ Gibt es überhaupt ein Ideal?"
Ich sage dazu: „ Nein. Das muss aus euren Köpfen raus.
Ihr habt nur einen klugen Geist wenn ihr euch nicht von allem überzeugen lasst. Ihr Menschen baut euch die Idealbilder auf und macht euch damit das Leben schwer.
Wenn das Essen nicht mehr ein bisschen Spaß macht, entfernt ihr euch auch von mir.
Lebt, aber lebt klug! "

In Liebe
euer Gott

184
Gebote

Ja, ich bin da.

Zum Glück gibt es Gebote.
So wie ich 10 Gebote habe in die Bibel schreiben lassen,
so habt ihr auch Gebote oder Gesetze aufgestellt.
Ihr Menschen braucht Richtlinien zum Leben, auch wenn es
euch oft nicht gefällt.
Dafür ist euer Bewusstsein noch nicht so stark ausgeprägt,
um es schon ohne Gebote zu schaffen.
Die Zeit wird aber kommen.
Euer Bewusstsein wird stärker werden, und es gibt keine
negativen Energien mehr.
Ihr schafft es, aber es braucht noch viel Zeit.
Irgendwann habt ihr begriffen, dass ihr euch mit Ungehorsam
selber straft.
Die Zeit ist aber noch nicht reif.
Ihr müsst noch viele Leben durchleben, um Stück für Stück
reifer zu werden.
Liebe Menschen, lernt jeden Tag ein bisschen dazu,
es hilft euch, alles besser zu verstehen.
Disziplin heißt auch, ohne Gesetze richtig zu handeln.
Alles soll so sein.
Ihr habt schon viel erreicht
Ihr schafft auch noch viel mehr.
Ihr Menschen werdet eines Tages ohne Gebote leben können!

In Liebe
euer Gott

185
Spion

<u>Botschaft von Gott</u>

Ja, ich bin da.

Von einem Spion habt ihr alle schon gehört.
Dieser Mensch lässt sich auf hinterhältige Tricks ein.
Er gibt sich für einen Menschen aus, der er gar nicht ist.
Er spioniert für seine Interessen oder für die Interessen seines
Auftraggebers.
Er ist käuflich und steht mit einem Bein in der Falle.
Wenn alles mal aufgeflogen ist, hat er ein schweres Leben.
Oftmals müssen sich solche Menschen verstecken.
Passt auf, das Leben ist trügerisch und der Mensch auch.
Ihr wisst doch: Reden ist Silber, Schweigen ist Gold!
Da ist sehr viel dran.
Lasst euch nicht zu viel aushorchen.
Passt auf!

In Liebe
euer Gott

186
Stress

<u>Botschaft von Gott</u>

Ja, ich bin da.

Stress, bekommt euch Menschen nicht.
Ihr begebt euch damit in Gefahr.
Euer Körper hat genug Gesundheit, um den Stress abzubauen.
Aber was zu viel ist, ist zu viel.
Der Tod lauert auf euch, wenn ihr euch übernehmt.
Herzinfarkt, Schlaganfall oder Herzstillstand.
Alles kommt von einer Sekunde auf die andere.
Ihr glaubt es nicht, doch nicht bei euch!
Das Leben spricht aber eine andere Sprache.
Nehmt auf euch Rücksicht!
Alles nicht übertreiben!

Ich liebe euch
euer Gott

187
Verhandlungen

<u>Botschaft von Gott</u>

Ja, ich bin da.

Ihr Menschen verhandelt gerne, denn es ist immer eine
Möglichkeit, sich zu einigen.
Trotzdem ist es keine einfache Angelegenheit, denn jeder
bringt eine andere Denkweise mit und möchte für sich das
Beste herausholen.
Wenn es keine Einigung gibt, wird es schwierig.
Jeder zieht sich erst einmal enttäuscht zurück.
Es muss weiterverhandelt werden in der kommenden Zeit, bis
es eine Lösung für den Konflikt gibt.
Das ist oft sehr schwer, und ihr Menschen habt verschiedene
Blickrichtungen. Trotzdem, irgendwann ist die Lösung in
Sicht, und die Verhandlungen haben sich gelohnt.
Darum seid nicht engstirnig.
Geben und Nehmen ist hier die Parole.
Ihr sucht den besten Mittelweg und findet ihn auch.
Bitte beleidigt euch nicht und geht vor Ärger nicht zu weit,
ich bitte euch darum, denn zornige Worte tun der Welt nicht
gut! Glaubt an das Gute und handelt danach.
Ich bin bei euch!

In Liebe
euer Gott

188
Erdbeben

<u>Botschaft von Gott</u>

Ja, ich bin da.

Plötzlich tut sich die Erde auf, die Häuser fangen zu wackeln
an und ihr Menschen flieht in die Sicherheit.
Angst und Panik verbreitet sich und im Nu liegt alles in
Schutt und Asche. Viele verschüttete Menschen überall.
Jeder sucht jeden, es ist die Katastrophe im höchsten Maße.
Da die Erde lebt und sich auch im Inneren verändert,
verschieben sich die Erdoberflächen.
Es gibt bestimmte Gebiete, da ist es immer wieder möglich,
dass ein neues Erdbeben kommt.
Ihr Menschen baut mittlerweile schon die Häuser
erdbebensicher. In den ärmeren Gegenden ist das nicht der
Fall. Ich sage immer wieder, ihr Menschen sollt klug handeln
und auch nicht ungerecht.
Zeigt Verantwortung für alle Menschen.
Leider fließen viele Gelder, die gespendet werden, in falsche
Hände. Es wird Missbrauch betrieben.
Erst wenn der Mensch mehr Bewusstsein hat, gibt auch die
Erde ruhe. Ihr müsst noch viel lernen.
Ihr könnt nicht nur verlangen und klagen.
Werdet klüger!

In Liebe
euer Gott

189
Lust

<u>Botschaft von Gott</u>

Ja, ich bin da.

Liebe Menschen, zu etwas Lust zu haben, was positiv ist und euch weiterhilft, ist immer gut.
Ihr seid begeistert, wollt etwas ausprobieren und alles ist Energie um euch. Euer Körper hat viel Kraft und euer Geist ist voller Tatendrang. Lust zu haben zur Freude, wie Wandern, Radfahren, Schwimmen, Malen, Lesen oder einfach einen schönen Kuchen zu backen, ist immer gut für euch.
Ihr füllt euren Tag mit sinnvoller Beschäftigung aus und am Abend wisst ihr, was ihr geschafft habt und wie viel Spaß das Leben macht. Nehmt euch immer etwas vor und schafft euch Räume der Liebe. Ihr könnt auch mal Lust haben, einen lieben Menschen zu verwöhnen. Sei es mit einem Blumenstrauß oder einer guten Tasse Kaffee oder Tee.
Was eure Lust euch gerade rät. Nehmt sie an und verwandelt sie in Glücksmomente. Euer Körper dankt es euch.
Ich sage auch Danke, denn ihr gefallt mir.
Ihr seid meine guten Kinder!

In Liebe
euer Gott

190
Verwundet

<u>Botschaft von Gott</u>

Ja, ich bin da.

Es wird der Tag kommen, an dem es keine Kriege mehr gibt.
Was sollen diese vielen Toten und Verwundeten.
Welchen Sinn hat diese Machtbesessenheit?
Ihr Menschen richtet so viel Leid und Grausamkeiten an.
Es riecht nach Verbranntem und ihr freut euch, wenn ihr viele
Tote habt. Leider darunter immer wieder viele Kinder.
Was können sie für eure Rache.
Alle ihr Menschen wart selber mal Kind und habt Familie
und trotzdem tötet ihr.
Es interessiert euch nicht was ihr anrichtet, Hauptsache, ihr
beherrscht alles. Ich kann euch jedenfalls nicht helfen.
Ihr Menschen müsst es lernen, dass euch bewusst wird, wie
grausam ihr seid. Wann ist das in euren Köpfen drin?
Ein verwundeter Mensch ist nicht mehr der, der er einmal
war. Vieles muss er durchmachen, Schmerzen, Leid und er hat
einen kaputten Körper. Jeder kann verwundet werden, egal wo
er steht. Warum nehmt ihr das auf euch? Ihr stellt euch zu
wenig Fragen und handelt wie im Wahn.
Die Liebe ist fort aus eurem Herzen. Ihr seid erbarmungslos.
Möchtet ihr wirklich so sein?
Ich sage zu euch:
„ Lasst das Töten, es ist sinnlos. So geht ihr unter!“

In Liebe
euer Gott

191
Lustlos

<u>Botschaft von Gott</u>

Ja, ich bin da.

Die Welt macht keinen Spaß mehr.
Alles, was der lustlose Mensch aus sich herausholen will, ist
sehr fest in ihm drin. Da will sich nichts regen.
Die Freude und der Spaß an einer Sache ist verloren
gegangen.
Der Geist ist schwach, die Arme und Beine sind lahm,
und er möchte am liebsten sterben.
Er kennt sich selbst nicht wieder und kann sich auch alleine
nicht mehr helfen. Was ist mit ihm passiert?
Gründe gibt es genug für so ein Verhalten.
Ich, als euer Gott, sage: „ Der Mensch ist krank, er braucht
dringend Hilfe. Er schafft es nicht allein.
Ihr solltet ihn an die Hand nehmen und wieder aufbauen.
Viel Lebensfreude macht gesund.
Besucht ihn und schenkt ihm ein gutes Gespräch und viel
Zuneigung."
Die Lebensgeister werden wieder munter und fangen an zu
tanzen. Die Seele erblüht.
Sagt ihm: „Gott ist bei dir, bete jeden Tag und rufe ihn!
Er wird dich hören.
Du wirst wieder lachen können und bekommst Lust auf die
Welt.
Vergiss die Liebe nicht, sie ist eine Triebkraft."

In Liebe
euer Gott

192
Flüchtlinge

<u>Botschaft von Gott</u>

Ja, ich bin da.

Leider gab es schon zu allen Zeiten Flüchtlinge.
Sie haben ein schweres Los.
Die Heimat ist verloren und das heißt, eine neue Heimat zu
suchen.
Eine schwere Aufgabe für euch Menschen,
wenn ihr noch kleine Kinder bei euch habt.
Ihr seid hoffnungslos, aber auch hoffnungsvoll.
Glaubt an mich und an das Gute.
Ihr schafft es!
Euer Mut wird belohnt.
Leider sterben auch viele Menschen auf der Flucht.
Das ist dann furchtbar.
Ob es Schicksal oder Leichtsinnigkeit ist, steht in den Sternen.
Ihr solltet aufpassen und eure Flucht gut planen.
Lasst euch nicht belügen und betrügen.
Euer Leben ist wertvoll.
Ich bin bei euch!

In Liebe
euer Gott

193
Pech

<u>Botschaft von Gott</u>

Ja, ich bin da.

Pech kann jeder Mensch von euch einmal haben.
Eine Sekunde der Unaufmerksamkeit und ihr rutscht aus und
brecht euch ein Bein.
Das Essen verbrennt im Topf, weil ihr nicht daran gedacht
habt oder ihr kippt aus Versehen das Glas Wasser auf dem
Tisch um.
So ein Pech aber auch, sagt ihr Menschen dann.
War es das Pech oder eure Unaufmerksamkeit?
Natürlich war es eure Unaufmerksamkeit.
Achtet auf euch!
Lasst das Pech nicht über euch kommen!

In Liebe,
euer Gott

194
Rettung

<u>Botschaft von Gott</u>

Ja, ich bin da.

Wenn ihr Menschen gerettet werdet, dann steht oftmals eine
große Leistung und viel Menschlichkeit dahinter.
Ein Mensch befindet sich in großer Not, er ist am Ertrinken.
Er ruft um Hilfe, aber die Wellen schlucken ihn immer wieder
fort und es ist schwer, eine Rettung zu vollziehen.
Mit der größten Kraftanstrengung und dem größten
Verantwortungsbewusstsein für ein Leben, schafft es der
Retter, dass dieser Mensch, Gott sei Dank, überlebt hat.
Solche Wunder an Rettung, gibt es jeden Tag.
Ihr Menschen könnt viel Gutes vollbringen und zeigt mir ganz
deutlich, dass ihr euer Herz auf dem rechten Fleck habt.
Darum schaut nicht fort wenn ein Mensch um Hilfe ruft.
Es ist dass höchste Signal.
Eure Liebe wird gewürdigt, und ihr seid meine Engel der
Hilfe und des Herzens.
Von euch kann jeder lernen, der noch nicht so vollkommen ist.
Ihr seid ein gutes Vorbild und gebt Signale ins Weltall.
Ein guter Trost für die Errettung der Erde!

In Liebe
euer Gott

195
Demonstration

Botschaft von Gott

Ja, ich bin da.

Liebe Menschen, werdet klüger.
Eine Demonstration ist nur von Nutzen, wenn ihr sie als
notwendig und auch mit dem Beistand des Guten betrachtet.
Überflüssige Demonstrationen, die nur auf Kampf aus sind
und Leid über die Demonstranten bringen, haben keinen
Nutzen. Manchmal habe ich den Eindruck, ihr wollt nur
Unruhe stiften und die Bevölkerung aufrütteln.
So etwas verbreitet Angst und Schrecken.
Tretet nur für eine gerechte Sache ein und überlegt, wie viele
Menschen neben euch stehen und euch unterstützen.
Alles hat zwei Seiten und alles hat auch einen Anfang und ein
Ende. Nur der Kluge, ich schreibe es immer wieder, wird
Sieger werden.
Unser Erdenball ist sehr schön und ist für alle Menschen
gedacht, egal welcher Rasse er entspringt.
Der Hass tötet die Erde und auch mich.
Handelt immer im Glauben an das Gute.
Jeder böse Gedanke ist negativ!
Bitte, bitte, bevor ihr verurteilt, seht mit den Augen des
Herzens!

In Liebe
euer Gott

196
Liebesbriefe

<u>Botschaft von Gott</u>

Ja, ich bin da.

Von einem Menschen verzaubert zu sein, ist ein schönes
Gefühl für euch.
Ihr habt die Liebe in euch und möchtet sie auch zeigen.
Einen Liebesbrief für den geliebten Menschen zu schreiben,
ist euch ein Bedürfnis.
Es überschütten euch Wogen von Einfällen und ihr möchtet so
viel weitergeben wie möglich.
Träume der Romantik, Träume der Sehnsucht und Träume der
Zukunft. Rosen der Liebe blühen in eurem Liebesbrief und
der Himmel öffnet sich.
Ihr könnt wunderbar lieben und eure Liebe sehr gut
ausdrücken.
Sie berauscht und verzaubert den Menschen, der diesen Brief
bekommt. Er denkt, dass er das Glück in seinen Händen hält.
Dieser Liebesbrief ist ein Schatz, er wird immer ein Schatz
bleiben, wenn die Liebe ein festes Fundament hat.
Viel Romantik ging schon verloren, denn nicht jeder Mensch
hält alle Versprechen, die er mal gegeben hat.
Das Leben geht weiter, und für andere Partner werden
Liebesbriefe geschrieben.
So ist das Leben! Aber wer sucht, der findet sein Glück.
Ich wünsche euch viel Erfolg in der Liebe.
Sie ist sehr wertvoll!

In Liebe
euer Gott

Poesie

Botschaft von Gott

Ja, ich bin da.

Die Poesie ist eine geschmückte Leiter, die bis in den Himmel
ragt. An ihr kann der Mensch, der poetisch veranlagt ist,
vieles randekorieren.
Rosen, Herzen, Sterne, Schmetterlinge, Schleifen, Bilder,
Ranken, Briefe, Karten und vieles mehr.
Es gibt in der Poesie keine Grenzen.
Ihr könnt sie ausleben und alles damit machen.
Es entstehen die schönsten oder auch traurigsten Gedichte.
Jahrhunderte lang begleitet uns schon die Poesie und ihr
Menschen liebt sie.
Sie beinhaltet viel Wahrheit und begleitet euch ein Leben
lang. Bewahrt euch Menschen das Lesen und Denken, es
fördert euer Bewusstsein. Wer sich bildet, wird immer etwas
weitergeben können. Ihr Menschen braucht das Schöne um
euch herum, es macht euch glücklich.
Die Fantasie ist eng mit der Poesie verbunden.
Beide zusammen ergeben eine Einheit.
Lernt es, einen Stift in die Hand zu nehmen und einfach mal
ein Gedicht zu schreiben.
Ihr könntet Gefallen daran finden und denkt daran:
Die Poesie überlebt viele 100 Jahre.
Sie bleibt selbst dann, wenn ihr nicht mehr auf der Erde seid.
Ihr schafft Erinnerungen an euch!
Das kann sehr rührend für die Nachkommen sein!

Ich liebe euch
euer Gott

198
Sklaverei

<u>Botschaft von Gott</u>

Ja, ich bin da.

Menschen haben sich zu allen Zeiten Menschen gesucht,
die sie ausbeuten und peinigen können.
Diese ausgebeuteten Seelen nennen sich Sklaven.
Sie werden misshandelt, getreten, geschubst, gedemütigt und
getötet.
Sie sind fremdem Willen ausgesetzt und müssen gehorchen.
Kinder sind schon Sklaven und haben ein trauriges Dasein.
Weltweit gibt es sage und schreibe 36 Millionen Sklaven.
Die Welt wird sich nicht ändern, wenn der Mensch nicht
bewusster handelt.
Wer das Geld hat, hat die Macht. Er kann sich alles erlauben.
Menschen lassen sich wie Ware behandeln.
Sie werden verkauft, gekauft und wieder verkauft.
Sie werden geraubt und in andere Länder transportiert.
Sie werden einfach von ihren Familien fortgerissen.
Ich, Gott, kann euch nur raten: Ihr Menschen, die ihr grausam
seid, schaut mal in euch hinein, findet ihr da noch ein Herz?
Es muss sich die Welt ändern, lasst nicht zu, dass Menschen
so geschunden werden.
Ihr solltet euch schämen!
Habt Erbarmen!

In Liebe
euer Gott

199
Vorwürfe

<u>Botschaft von Gott</u>

Ja, ich bin da.

Wer hört schon gerne einen Vorwurf, denn er kann euch
gewaltig runterreißen und auch verletzen.
Es kommt natürlich immer auf den Menschen an, der diesen
Vorwurf ausspricht.
Reagiert am besten nicht sofort.
Ihr könntet Fehler machen.
Seid besonnen und überlegt, wie ihr damit umgeht.
Verletzt den anderen Menschen nie so stark, dass es zum
Bruch kommt.
Seid klug und weise!
Vorwürfe haben sehr oft einen Grund.
Nehmt sie an oder sprecht ruhig und besonnen darüber.
Zwei Menschen finden immer zusammen, wenn sie es wollen.
Lernt von euren Fehlern.
Ich bin bei euch!

In Liebe
euer Gott

200
Ungerecht

<u>Botschaft von Gott</u>

Ja, ich bin da.

Ungerechtigkeit gab es schon immer und wird es immer
geben, solange ihr Menschen euch nicht ändert.
Ungerechtigkeit kann sehr weh tun und auch traurig und
verletzt machen.
Zwei Kinder werden verschieden geliebt,
da geht die Ungerechtigkeit schon los.
Oder die Geschenke sind sehr verschieden,
ein Kind bekommt viel und das andere wenig.
Passt auf, dass ihr eurem Kind nicht weh tut oder irgendeinem
anderen Menschen.
Lernt es, gerecht zu sein.
Ich sehe zu und bin traurig!

In Liebe
euer Gott

Inhaltsverzeichnis von A-Z

Botschaften-Nr. 101-200

<u>Erklärung</u>

Ich setze mich hin, mit dem Kugelschreiber in der Hand und rufe Gott. Dann frage ich ihn, ob er bereit ist, mit mir zu schreiben. Wenn Gott schreibt, „Ja ich bin da", stelle ich Fragen und Gott antwortet mir. Ich schalte meine Gedanken ab und konzentriere mich nur auf das Schreiben mit Gott. Er schreibt sehr schnell, so schnell, kann kein Mensch denken, jedenfalls ich nicht. Er schreibt und schreibt, eine DIN A4 Seite mit mir, ohne das ich mir ein Wort überlegen müsste. Danach lese ich mir den Text durch und kann alles selber kaum glauben. Ein Wunder ist wieder geschehen. Ich habe viel darüber nachgedacht, wie das alles möglich ist. Gott schreibt mir, ich wurde von ihm ausgesucht.

Monika Beyersdorf-Morig

Biographie

Ich erblickte am 11. Juli 1948 in Feldberg (Mecklenburg-Vorpommern) das Licht der Welt.

1968 schloss ich eine kaufmännische Lehre ab.

1978 arbeitete ich als Erzieherin im Kinderkurheim und nahm an einer Ausbildung in Pädagogik und Psychologie teil. In der Zeit von 1969 – 1977 bekam ich drei Kinder. Meine Familie, war mir immer sehr wichtig. Malerei, Gedichte schreiben und Handarbeiten, waren meine Hobbys. Ab 2008 pflegte ich mit meinem Ehemann Gerd Morig, liebevoll meine Mutter, bis zu ihrem Tode im Juni 2012. Danach nahm ich Kontakt zu meiner verstorbenen Mutter auf, den ich bis in die heutige Zeit pflege. An Gott habe ich mein Leben lang geglaubt und in schweren Stunden um Hilfe gebeten und auch bekommen.

Gott schreibt mit mir seit Februar 2015.

Wer nur an das glaubt, was er sehen und anfassen kann, wird nie die Wunder des Universums erleben.

Es gibt noch unendlich viel Verborgenes zu erforschen!

Monika Beyersdorf-Morig

Erscheinungsdatum April 2016
+

Erscheinungsdatum Mai 2016

<u>Alle Ausgaben erscheinen auch als eBook!</u>

Erscheinungsdatum Juni 2016

Erscheinungsdatum Juli 2016